Youn Bummo

시인 윤범모

# 노을 씨氏, 안녕!

윤범모 시집

# 노을 씨氏, 안녕!

Poetics 시학

■ 시인의 말

시詩는 과연 언어의 사원인가. 사원을 지키는 사물四物. 내장을 비워 몸 가벼운 저·목어木魚, 오밤중에도 잠들기는커녕 두 눈 부릅뜨고 있다. 거기 비우는 만큼 채워지는 소리, 소리는 몸을 비울수록 커지는가. 종소리 또한 마찬가지. 더불어 때리는 힘만큼 커지는 종소리. 여기 몸무게만 늘고 있는 진토塵土의 푸대 자루 하나, 오늘도 정처를 찾지 못하고 들녘에서 맴돌고 있다. 사원은 어디에 있는가. 목어의 모음이 스며 있는.

얼떨결에 시집이랍시고 『불법체류자』(1988)를 출판하고 얼마나 많은 후회를 했던가. 그 죄를 탕감하기 위해 개정판(2008) 출간이라는 만행을 반복했지만 가슴 속 깊이 남아 있는 앙금은 사라지지 않았다. 다시 시작한 시 공부는 인생 공부 같아 나를 수렁 속으로 빠져 들게 하는 것 같았다. 이 같은 천형天刑을 왜 자초하고 있을까. 멀리서 종소리가 들리는 것 같으나 아직 당간지주조차 보이지 않는다. 주위의 따듯한 손길에 의해 늦깎이의 목쉰 노래를 한자리에 묶는다. 겨울밤 깊어간다. 목어와 악수하고 싶다.

2009년 12월
윤범모 삼가 적음

# 차 례



## 제1부

## 제2부

## 제3부

## 제4부

# 제1부

# 천둥소리

왜 울부짖는 거야
너는
그렇게 눈물까지 흘리면서

가슴에 내리꽂히는
하늘의 죽비 소리

만 송이의 개화開花
번갯불에
부르르 전신을 떤다

# 나의 태풍은

동구 밖 혼기婚期 놓친 느티나무
뭇 사내들 손을 타더니
바람이 났나
머리채 풀며 태풍을 끌고 와
뿌리치마 까뒤집고
벌렁 누워 버렸다

저 나무가 부럽다

나의 태풍은 언제 불어올 것인가
뿌리째 뽑혀
윤회의 땅 뒤집어엎을

# 우주가 한 살 더 늙었다

하늘은 새 옷으로 갈아입고도
한 세월 흘러가는 것 못내 아쉬워
눈치도 없이 주룩주룩 눈물을 흘린다

누가 겨울비라고 무시하는가

새벽잠 떨치고
창가에 얼비치는 주름살 몇 개
그 틈새를 비집고
무덤덤하게 끌려 나오는
캘린더용
새해
아직 펼치지 않은

발걸음이 무겁다
비에 젖는 이승의 새해

우주가 한 살 더 늙었다

# 화택火宅

1

소복은 눈물샘을 담는 보자기인가

화장터의 무거운 바람
어린 딸년들의 절규하는 등을 계속 밀쳐 낸다

엄마 뜨거워요
빨리 나오세요 엄마!

꼭꼭 걸어 잠근 철문
불길을 더욱 드세게 풀무질하더니
결국 제 모습으로 돌아가는
한 줌의 재
바람에 날린다

2

집이 활활 타고 있는데
놀이에 정신 팔린 아이들 뛰쳐나올 줄 모르네

하늘에서 내려다본 세상은
거대한 화장터 굴뚝
그 속의 숨결들 욕망만 키워 가네

살아 있는 것 같아도
매일 죽고 있는

# 주먹에서 손바닥까지

1

이 세상에 처음 나올 때
한 일은
두 주먹 불끈 쥐고
힘차게 울어 젖힌 것
누가 가르쳐 주지도 않았는데
온몸으로 울어 젖힌 그것

빈손을 채우고자
허리가 휘도록 평생 헤매고 다녔지만
늘 허기진 욕망 지우지 못하고
낡아 버린 육신의 푸대 자루 하나

2

세상 떠나는 날
주먹 쥘 힘조차 없어
손바닥 펼쳐 들고 증명하는 무소유
내 평생 헤매고 다닌 것이 겨우

움켜쥔 주먹 슬그머니 내려 펼쳐 놓기 위함인가
애초 유일하게 가지고 태어난 울음조차
직접 챙기지 못하고
타인에게 다 맡기면서

(그런데 너는 뭐 잘났다고
그렇게 설쳐 대며 오두방정을 떨고 있는 것이냐
오른손, 이놈아!
왼손바닥, 네놈도!)

# 강변에서 온몸이 흠뻑 젖는데도

1

강변에서 빈둥거리며
주름살을 만지작거리고 있는데

누워만 있던 강물
때가 되었다고
수직으로 일어서서
하늘 방죽 수문을 연다

물은 물을 불러
하늘과 강이 몸을 섞는 바람에
강 건너 풍경 지워진다
아, 내가 가야 할 피안彼岸
소나기에 휩쓸려 떠내려가는가

2

이쪽 강둑에 내리는 비
강물을 적시며

저쪽 강둑에서도 내린다

강변에서
온몸이 흠뻑 젖는데도
왜 몰랐을까
강과 하늘이 하나임을
내 몸뚱아리가 곧 강물임을

## 묘향산 만폭동에서

무슨 그리움이 그리 깊어
속으로 타들어가 뭉쳐 버렸나
검은 바위 위에 또 바위
거대한 산을 이루었네

참기만 하던 하늘눈물이라도 떨어지면
바위산은 크고 작은 폭포로 몸을 바꾸네
누구를 위한 간절한 울음인가
하나둘 모여
만 군데

남자의 마음이
여러 갈래로 나뉘어 흐르는 계곡의 물이라면
여자의 마음은
한곳으로만 떨어지는 폭포인가

그리움으로 뭉쳐
바위는 더욱 검게 웅어리지고
그대를 향한 갈증은 자꾸만 폭포를 만들려 하네

## 바람과 억새풀

바람이 바람이라고 하면 벌써 바람이 아니다
바람이 물이라고 하면 물이 되고
물이 불이라고 하면 불이 된다

불이 땅이라고 하면 땅이고
땅이 지리산 억새풀이라고 하면 억새풀이다
억새풀이 당신이라고 하면
당신은 억새풀이 된다
당신이 나에게 억새풀이라고 하면
나도 억새풀이 되고 만다

나는 오늘도 산마루에서 바람과 어울리며
흔들리고 있는 나의 모습을 본다
비록 시차時差를 두더라도
우리들은 함께 가는 바람 동지
바람의 넋이다

# 빈 항아리

봄바람 나 제주에 불려 갔더니
유채꽃도 동백꽃도 흐드러지게 피어 있었습니다

성읍민속마을 검은 돌담 곁에도
동백꽃 붉게 물들어 있고
정강이에 항아리 하나씩 붙들어 매고 있었습니다

억새짚단으로 나무와 연결시켜
빗물을 받는 촘항이라는 항아리
식수가 차면 고인 물 썩지 말라고
항아리 속에 개구리를 넣어 헤엄치게 했다는데
이제는 텅 빈 채 하늘만 담아 이고 있었습니다

내 가슴속의 빈 항아리 하나
개구리조차 사라진 지 오래
마른 물낯 바닥은
동백꽃의 농염조차 감당하기 어렵게 되었습니다

제주 섬에 가서 빈 항아리 허리춤만 어루만지다가
태풍으로 발 묶였던 젊은 시절조차 지워 버리고
봄바람 밀쳐 내며 돌아서야 했습니다

# 한통속

굼벵이길 신호등에 걸려
무심히 라디오를 트니
애절한 멜로디가 가슴을 후벼 판다
낯선 이국의 알아들을 수 없는 가사
얼마나 아픈 이별을 했기에 저토록 쓰라릴까
한세상이라는 것은
아프게 만나고 서럽게 헤어진다는 것인가

덩달아 나도 옷깃을 여미며
멀리 떠난 이를 생각하고 있으려니
어느새 노래는 끝나고
저음의 아나운서가 환상을 깬다
잃었던 친구를 만나 부른 기쁨의 노래였다고

뭐!

만난다는 것
헤어진다는 것

태어나는 것 죽는 것
모두 한통속이라며 마른 등으로 업고 가라 한다

# 봄비 사정 알레그로

메마른 땅을 위해
하늘이
겨우내 아꼈던 사정을 한다

수
직
으
로
내
리
꽂
히
는
불
멸
의
연戀
서書

!

수평의 대지 위에 출렁거리는 운우雲雨의 알레그로

아, 달콤하다
갈라진 절벽에서 새싹이 움튼다

# 페이지 터너를 위하여

1

똑같이 무대 위에 올라도
조명 받는 주인공 뒤에
있는 듯 없는 듯 너울대는
그림자 인생

건반 두드리는 속도와 함께
악보를 넘겨 주는
수준급 내조

청중석의 박수갈채와
주인공의 화려한 답례 속에서도
장내의 유일한 목석

슬며시 내려가야 하는 무대
이름 따윈 필요 없다

2

그림자를 위하여 박수를 친다

나도 그대를 위하여
갈채 숱하게 만들어 주고
조용히 생의 무대를 내려가고 싶다
한세상 뒤로하며
비록 몸을 바꿀지라도

## 왜 그렇게 질주했을까

고속도로를 달리다
휴게소에서 멈추다

산다는 것은 그런가
끼리끼리 즐겁다

아, 나는 혼자서 왔구나

신문 한 장 사 들고
운전석에 누워 얼굴을 덮는다
갑자기 갈 곳을 잃어
차라리 눈을 감는다

왜 그렇게 질주해 왔을까
수십 년간을
출구도 확실히 모르면서
무엇, 무엇 때문에

## 신문지

## 바닥에 툭, 낙과처럼 떨어지다

# 가을 엽서

우박 두드려 맞고
몸살 앓는 가을나무
간신히 몸 추스르며
마지막 단장을 합니다

울긋불긋 맵시 자랑도 잠깐
단풍옷 휘날리는 만큼
바람도 분주합니다

부들부들 떠는 알몸
마지막 낙엽을 띄워 놓고
더 이상 보여 줄 것 없다는 듯
고개를 떨굽니다

앙상한 나뭇가지 비워 내는 만큼
하늘은 넓어지고
내 옆자리의 빈터도
자꾸 넓어지기만 합니다

아, 그대 빈 하늘이여!

# 가득 찬 반 잔

속알머리가 허전하여
모자를 쓴다
그렇다고 주변머리가 신통한 것도 아니지만

모자에 새겨진
유리컵 하나
물이 반쯤 채워져 있다

또, 그 모자를?
머리가 반쯤 비어 있다는 뜻인가
뭐 잘났다고 그렇게 광고를?
마누라가 놀린다

어허!
아직 반이나 남았는데
텅 비어 가는 충만인데

서쪽 하늘을 반쯤 물들인 노을
향내 더욱 진하게 밀려온다

# 꽃을 땅에 묻다

내 친구 꼽추
그는 침침한 지하실에서 꽃을 즐겨 그렸지
화려한 생화는 아니고
그렇다고 조화도 아닌

그가 즐겨 그린 것은
더 이상 변할 것도 없어
더 이상 상처받을 일도 없는
시들어 버린 꽃

화려한 꽃들 사이에서
시들어 버린 한 생애가 외롭게 뒹굴고
나는 시든 꽃을 땅에 묻는다

빛바랜 꼽추 꽃 한 송이를 땅에 묻으며
이제부터 꽃다발은 만들지 않기로 한다
더 이상 시든 꽃을
땅에 묻고 싶지 않기 때문이다

# 사다리

올라가고만 싶은 때가 있었다
더 높게
더 멀리
올라가면 갈수록
뭔가 더 챙겨지는 줄 알았다

꼭대기는 어디인가
빈 바람만 드세어질 뿐
오래 머물 수도 없다
내려오는 길은 더 힘들었다
뭔가 한 아름 안은 듯했으나
잡히는 것은 허공뿐

이제 올라갈 곳도 없다
다시 내려올 곳도 없다

사다리 하나
비스듬히 누워 낮잠을 즐기고 있다

# 제2부

# 까치

눈 덮인 뜰에
검은 점 하나

소리 소문 없이
흰 수레의 새해를 끌고 왔네

신춘휘호新春揮毫
붓 한 자루

# 밤하늘 너도 늙어 가고 있구나

싱싱하기만 하던 밤하늘의 별밭
어린 시절 추억창고를 색동보자기로 덮어 주더니
오랜 도시 생활에 찌들었는가
뿌옇게 바랜 얼굴로
초롱초롱 별들을
하나둘씩 내려놓고 있구나

아파트 단지의 가로등 뒤에 매달려
도수 높은 안경을 꺼내 끼는
밤하늘
너도 늙어 가고 있구나

## 파도야, 미안하다

천년 빙하야, 미안하다
만년설아, 미안하다
너희들을 열 받게 하여 미안
미안하구나
온몸을 문드러지게 하며
눈물천지를 만들게 하여 미안하다
빙하와 만년설이 녹아내리는 만큼
뚱뚱해지는 너 바다야, 미안하다
덩치가 커질수록 노동량도 많아져
힘들어하는 파도, 너에게도 미안하구나
수위가 높아질수록
작은 섬은 무지막지 삼켜야 하는
불쌍한 파도, 파도야
다이어트 시대에 너의 비만증을 보며
할 말을 잃는구나

정말 미안하다
파도야

## 검은 연기조차 피꽃이 되어

장작에 불을 지핍니다
물이 끓도록 열기 넘쳐흐르는데도
굴뚝에선 연기 한 점 비치지 않습니다
건달 같은 생나무 태울 때나 검은 연기가 가득한 것인지
한 이태 햇볕에 잘 마른 참나무
활활 타오르는 불길에 놀라 연기조차 피꽃으로 피웁니다

그대를 향한 내 마음 오랫동안 마르고 말라
더 이상 마를 것도 없어 이제 온몸을 불사르고 싶습니다
상처난 과거의 매운 연기는 속으로 연소시키기 위해
마지막 남은 한 방울의 눈물이라도 연료로 쓰겠습니다
펄펄 끓어오르면서도 말 못하는 사랑
비록 싸늘한 재로 남는다 해도
한때의 뜨거운 열정조차 없었던 것은 아니겠지요

잿더미 위에 다시 마른 장작을 쌓습니다

세상이 눈치챌까 봐 검은 연기는 안으로 이끌어 들이면서

그대를 향한 나의 사랑을 더욱 옹골차게 불태우렵니다

# 눈사람

눈이 내린다
검은 아스팔트는 완강히 저항했지만
풀밭은 부드러이 받아 주어 하얗게 변한다
놀이터에서 딸과 함께 그네를 타다가
조그만 눈사람을 만든다
나뭇가지로 눈 코 입까지 붙이니 한결 귀여워진다
이를 버릴 수 없어
품에 안고 집 앞까지 오지만
거실까지 데리고 갈 수 없어
자동차 위에 모셔 놓는다
어쩌다 지나치는 사람들이 목례를 하지만
인사도 오래 받을 수 없다
등 굽은 해가 어느 누구의 모습이라도
그대로 놓아두지 않기 때문이다
하늘이 눈사람을 원래의 자리로 데리고 가 버린다

어떤 목숨 또 하나 땅속에 묻히는가
그 위에 잊었던 추억처럼 다시 눈이 내린다

# 하늘의 살갗에 붙어 있는

검은 망토의 과객 찾아오니
맑은 하늘 순식간에
침울하다

해를 가리려고
펼치는 옷자락만큼
지상을 뒤덮는 참담한 무명無明

하늘의 살갗에 붙어
지혜의 햇살을 가리는 구름
진정 어둠의 때인가
내가 닦아야 할

언제 한 소식 들어 볼거나
목욕탕 다녀온
나의 해와 함께

# 치마 벗고 나온 목련

얼마나 급했으면
알몸으로 나왔는가
푸른 치마 두르는 것도 잊고
홍등紅燈 쩍쩍 벌리고 달아올라
하얗게 질리기까지 하면서

봄이 왔다기에
뜰에 나섰다가
엿본 춘정
그래, 나도 겨우내 굶었더니 회가 동하는구나
우리 한판 질펀하게 얼러 보자꾸나

만족하느냐
이 봄밤의 멀티 클라이맥스
혼절하여 땅바닥에 널브러지는 것들

네 죄는 네가 알렸다
이 화냥년아

찬 바람 품고 성급하게 젖가슴 풀어 헤친
나의 공범共犯아

# 장미에게

야, 등신아
그렇듯 요염하게 붉은 속옷까지 펼쳐 벌리고 서 있으면
어쩌란 말이냐
아직도 예쁜 것을 보면 쩔쩔매는데
너는 왜 그렇게 대책 없이 예쁘기만 한 것이냐

야, 바보 등신아
꽃잎 뒤로 뾰족뾰족 손톱 갈아
날카로운 가시 형틀을 매달아 놓았구나
불한당이 꺾으려고 손을 내밀면
피 보여 주겠다고 창날 곤두세우고 있구나
나 참 환장하겠네
예쁘기만 한
게다가 가시까지 숨기고 있는 독한 년아

비록 독가시에 찔려 피 흘린다 해도
예쁜 것만 보면 아직도 꺾고 싶어 안달하는
중년을 넘긴 주책바가지 하나

큰일 났다!
여색女色이 지천으로 깔려 있구나
가시에 찔릴라
야, 등신아

# 대동 세상 숲에서 바람이 분다

1

한낮에 창문을 연다
기다리고 있던 떼바람이 몰려든다
더불어 안기는 향긋한 내음
꽃나무 한 그루 볼 수 없는 숲속에서
무엇이 그토록 달콤한 바람을 만들고 있는가

오, 숲이여!
미안하다
잡목투성이라고 거들떠보지도 않았는데

세월의 앙금을 두껍게 하다 보니
이름도 없는 숲에서도
그리 달콤한 향내를 짙게 뿜어내는구나

2

어떤 생태학자가 연구했다
한 종류의 나무보다

여러 종류의 나무가 함께 자랄 때
더 튼튼하고 빨리 자란다고
단일 종류보다 혼합 종류의 식물일 때
성장 과정이 훨씬 훌륭하다는 것

끼리끼리 문 걸어 닫고 사는 것보다
울타리 걷어 내고 여럿이 어울려 살 때
각자의 개성은 갖되 이웃과 어울려 살 때
화이부동和而不同!
숲에서 달콤한 향의 푸른 바람을 만들어 준다

나는 울타리를 걷어 내고
숲으로 간다

# $H_2O$ 복음

그동안 셀 수도 없이 말해 주었노라
나도 한때는 바윗덩어리보다 더 딱딱했었다고
빙산도 있지만 조그만 얼음 조각을 생각해도 돼
그렇지만 한곳에서만 머물러 있지 않아
나도 한때는 풀잎 위에 맺히는 이슬방울이었다고
영롱하다는 말이 괜히 나온 것 아니지
한 방울 한 방울이 모여 호수도 만들고 바다도 만들지
나도 한때는 날아다니는 바람이었다고
봄날의 아지랑이를 생각해 봐
그런데 너희들 세상은 왜 그렇게 너저분한가
내 지금 천상에 올라와 굽어보니
인간사 꼬락서니 너무 흉해
내가 백설로 만사를 하얗게 덮어 주랴
아니 쓰나미로 세상을 뒤집어엎어 버리랴
내 수시로 몸을 바꾸며 목이 쉬도록 타이르고 있건만
언제까지 껍데기에만 매달려 있을 것이냐
근본은 다 한가지니라
일시적인 꼴 하나에만 얽매여

아까운 세월 탕진하고 있다니
내가 항상 이슬방울로만 머물러 있더냐
뜨겁게 일렁이는 파도의 목소리 들리지 않느냐
나도 열 받으면 해일로 변신하기도 하지만
그런데 왜 이렇게 답답하냐
너희들은 나의 몸부림이라도 원하고 있단 말이냐
뒤늦게 후회하지 말지어다
상相을 여의고
풀잎에 맺힌 이슬 한 방울이라도 고마운 줄 알아라
언제까지 엉뚱한 데 가서 헤매고 있을 것이냐
내가 바로 너희들의 생명이요 진리임을 아직도 모르겠느냐

## 보름달 연가

고백할 것이 있다
보름달아

예전엔 마주 보고만 있어도 사랑인 줄 알았는데
그대 먼 길 떠나고
혼자 남아 새삼 깨닫는다
사랑은 같은 방향으로 함께 가는 것
비록 험한 길이라도 손잡고 함께 가는 것

함께 걸어갈까요
그대여
이승의 끝자락까지
별들도 꽃다발 묶어 길 밝혀 주려 하는데

# 지구 나무와 낙엽

1

어느 길로 갈까 망설이고 있는데
찬바람이 몰려와 온몸을 흔든다
나 대신 계절의 목덜미를 이끌고 가는
가랑잎의 군단들

때가 되면
옷을 벗을 줄 알아야 한다고
다 내려놓을 줄 알아야 한다고
섭리라는 가을 문패를 내거는 나무들

나는 언제까지 낙엽을 짓밟기만 할까

2

지구 나무에 매달린 꾸부정한 사내 이파리
때가 지났는데도 단풍 외면하며
욕망표 화장품만 꺼내려 한다

# 솔방울 사태

1

철책 옆에 해금강 세워 놓고
가볍게 솟아오른 고성의 해맞이 봉우리
아침마다 바다 속에서
붉은 햇덩이 하나씩 꺼내 올리며
소식을 기다리다
화병이 났나
산불을 끌고 와 해변 소나무 숲을 태워 버린다

2

불 회오리 맞은 금강송
갈기갈기 찢긴 피부의 깊은 상처 보듬고
이젠 파도 소리조차 너무 아파
스스로 임종을 서두른다

내세를 기약하려는가
평소보다 배도 넘게 뽑아 올린
주렁주렁 솔방울들

북방한계선 내려다보고 있는
에미의 한숨을 담은 씨방주머니들

솔방울 사태!

파도가 품어 키우는 내일의 해
죽는 것은 또다시 태어나는 것인가
새날의 태양이 솟아오른다

거대한 솔방울

# 황사 현상

1

봄날 아침의 서울
한강이 사라지고 관악산도 지워졌다
하늘은 마냥 뿌옇기만 하고

오후 나절
63빌딩에 올라 시내를 내려다보니
빛바랜 흑백사진 속에 끼어드는
초점 흐린 풍경 하나

나는 흐린 눈만 비벼 댄다

서울은 목하 황사黃砂의 나라
자동차도 건물도 모두 제정신 제 몰골이 아니다
먼지와 도시가 한 몸 되어 뒹굴고

2

내가 먼지의 자리로 가면들면

먼지가 나의 자리로 오면가면

지상은 온통 먼지 공화국
도시는 거대한 먼지 풍선으로 떠오르고
바람은 콜록콜록 기침 소리만 뱉어 낸다

원래 먼지로 모여 출발했거늘
진토塵土에 황사 한 숟가락 더 얹었다고
이 무슨 난리인가
서울이여
폐허가 돼 가는 나의 육신이여

# 살아남은 것들은 왜 온몸이 상처투성이일까

이 무슨 호사인가
단양 팔경八景 미인들을 끼고 뱃놀이하다니

쭉쭉 뻗은 키 빵빵한 몸매
수려한 산 능선은 병풍 둘러 호수를 만들고
제 모습을 수면에 비추어 본다
(예쁜 것들은 왜 그렇게 거울만 꺼내 보려 할까)

미인은 손 타기 십상인가
이놈 저놈 찝쩍거리더니
머리부터 통째로 떨어져 나가고
허리가 두 동강 나거나
구멍만 더욱 깊게 후벼 파헤쳐진다

(살아남은 것들은 왜 온몸이 상처투성이일까)

석회암지대라 하여 신바람 난 시멘트 사내들
오늘도 포클레인 난도질한다

팔경 음미하겠다고 단양 왔다가
중태에 빠진 미인들을 본다
미인박명美人薄命이란 만장을 꺼내 들고
주말 여홍 대신 조문 연습을 한다

# 큰일이다, 바다가 사라진다

1

바다 물결만큼 주름살을 이마에 인
등 굽은 해녀
해변에서 한마디 던진다

아, 물고기 떼가 엄청나게 몰려오고 있네!

내 눈에는 아무렇지도 않은데
웬 물고기 떼?

물의 결을 보라
섬세하게 주름 잡히지 않느냐
철부지들 장난치는 만큼
물속도 간지러워 꿈틀거리지 않느냐

2

나도 물속 살결을 읽고 싶다
껍데기 걷어 내고

잔잔하게 흔들리고 있는 그대 마음결을 읽고 싶다
감히 천안통天眼通 넘나 보지 않더라도
그대의 내음 은밀하게 맡고 싶다

물고기들 떼로 몰려와 요동을 치고 있다는데
파도가 일렁이는 만큼 향기가 진동하고 있다는데
나는 아무렇지 않으니 한심한 일이다
물고기는 보이지 않고 파도 향기도 비껴가고

평생 물질 한 번 해 보지도 않은 나의 과욕을
바다가 알아차렸는가 보다
큰일이다
바다가 사라진다

## 흥, 꽃이 요염하다고?

1

치맛자락 훌렁 벗어던지고

사타구니를 머리 꼭대기에 올려놓았구나

마음껏 헤벌린 숫처녀 꽃대궐

요염한

환장하도록 슬픈

저, 화엄극락

2

날로 열 받는 지구촌

세상살이가 예전과 같지 않다

치맛자락 쳐들고 유혹을 해도

홍등에 불 한 번 밝혀 보기는커녕

발정 난 향기 눈 흘길 곳조차 없어 애간장만 태운다

꿀벌의 떼죽음만큼

꽃밭은 무덤밭
꽃의 씨가 마른다

홍, 꽃이 요염하다고?

# 꽃의 유언

— 너희들은 왜 남 탓만 하니
향기가 예전과 같지 않다고
입은 삐뚤어져도 말은 바로 하랬다고—

사실 너희들 때문에 나야말로 죽을 지경이다
날로 쇠약해지는 나의 기력
너희들도 알다시피 예전에는 십 리 길도
단숨에 달려가곤 했지
하지만 지금의 내 꼴은 뭐냐
십 리는커녕 그 반도 못 가 도중에 주저앉고 마니
내 신세 참 처량해졌지

마지막으로 너희에게 당부하노니
더 이상 공해를 만들지 마라
정말 숨 쉬기조차 어렵고 미칠 지경이다
꽃향기가 예전과 같지 않다고 내 탓만 하지 마라
난들 왜 그러고 싶겠느냐
천하의 그 어떤 꽃향기도 시궁창에서는 맥을 쓸 수

없으리니
그런데도 날로 느는 것은 시궁창 악취뿐
이제 꽃향기라는 말조차 안타까울 따름이다

도시 구경 나왔다가
공해 때문에 아름다운 향기조차 보낼 수 없어
내 사랑 고백도 하지 못한 채 시들어 가는구나
아, 원통하고 원통하도다

# 제3부

# 설원雪原에서

여름 내내 푸른 산
알몸 부둥켜안느라고
살도 뼈도 다 바쳤는지
찬 바람 일자
병든 땅은
어느새 백발 세상으로 변해 버렸네

눈 덮인 벌판에
거꾸로 찍혀지는 나의 발자국
하얗게 묻어나는
부끄러움

차마 앞을 쳐다보며 걸을 수 없네
불치병까지 이끌면서
비록 하얀 가운을 입었다 한들

# 몸 가벼이 흘러가는 저 강물을 보아라

절벽에 올라 강을 본다
저무는 해를 붙들고
천 년 전에도 흘러갔을 저 강물
어쩌면 군소리 하나 없이 오늘도
아래로 아래로만 흘러갈까
자기의 나이도 잊고

뒤에 오는 신참에게 자리를 내주며
낮은 곳으로만 흘러가는 물줄기
세상에서 정말로 어려운 일은 남에게
내 자리를 내주면서
가장 낮은 위치로 내려가는 것
세상에서 제일 어려운 것은 바로 하심下心 공부!
마음을 내려 비워 내는 일 아닌가

한눈팔지 않고 다소곳이 아래로만 내려가는
마음 비워 몸 가벼운 저 강물
나는 언제 낮은 곳에서 고개를 숙이며

내 이름과 몸을 다 비워 낼 수 있을까
바다에 이르는 강물은 자신의 이름을 고집하지 않는다는데

저무는 여름 강가에
대책 없이 나선
나의 손발은 오늘도 시리기만 하다

# 노을 씨氏, 안녕!

1

헤아리기조차 어려운 은하수를 닮았나
갯벌에 뿌려 놓은 무수한 움집
옆걸음으로 들락거리는 게들
그들이 분주한 만큼 길어지는 서녘 하늘

하루 품팔이가 그렇게 고되었는가
무너지는 저녁나절을 온몸으로 감싸 안고
당신은 그렇게 시뻘건 피를 토하다니

내 가슴에 새겨진 은하수
그 동공洞空에 번진
태양의 각혈

2

선혈鮮血 뿌려지는 갯벌에서
슬그머니 잃어버린
젊은 날의 생애 마감 연습

넘어졌다가도 옷깃 여미며 일어서는
노을 씨
당신 때문에
길어만 가는 나의 생명 연습 시간

똑바로 걷기는커녕 옆으로만 기어 온 한세상
그 머나먼 나그넷길에서
거짓말을 새빨갛게 중얼거린다
모두 당신 탓이야
당신 태양의 그 오래고 긴 후광後光 탓!

# 가을 독경

1

소나기 지나간
가을밤

육조단경六祖檀經을 읽다가
누군가의 시선을 느끼다가

서재 벽에 기대서 있는
귀뚜라미 한 마리
마주친 시선의
가벼운 가을 목례

2

경을 읽다가
귀뚜라미를 보다가

잠시 한눈을 팔았더니
부끄러움을 타는지 어딘가로 숨어 버렸네

주인 대신 독경하는
그 목소리만
가을밤 어둠을 톱질한다

3
깃발이 바람에 흔들리는가
바람이 깃발에 흔들리는가

깃발도 아니고
바람도 아니고
내 마음이 저 혼자 흔들리는 것

귀뚜라미야
그대는 어느 쪽인가
밤새 목청 찢어지라고 울어 대기만 하니

# 어떤 사과

빅애플로 불리는 뉴욕에서
아침 끼니를 위한 사과를 고른다
아메리카의 사과는 너무 맛이 없어
바다 건너온 사과를 고른다

사과에 대하여 잘 안다고 생각하며
역사를 흔들었다는 사과를 생각하며
한 입 베어 문다

세 개의 사과
인류의 역사를 바꾸었다는
아담과 이브의 사과
만유인력을 낳게 한
뉴턴의 사과
나의 책상에 모셔져 있는
애플컴퓨터의 사과

내가 한 입 베어 문 붉은 사과

겉은 멀쩡해도 속이 썩어 있다
썩은 사과 한 개에 분노하는
그렇고 그런 날의 구겨진 아침

애플컴퓨터 앞에 초라하게 뒹굴고 있는
한 입 물어뜯긴 사과 하나
거기에 겹쳐지는 나의 얼굴
속이 곯은 사과 하나

# 나체와 갑옷

이 세상에 나올 때 아무것도 걸친 것 없었네. 알몸으로 태어났기에 벌거벗고 다니는 것은 자연스러운 일. 성기를 내놓고 다녀도 부끄러운 일이 아니네. 벌거벗고도 수치심을 느끼지 않는 것은 그것으로 아무런 죄를 저지르지 않았기 때문. 같은 몸에 붙어 있는 손이나 잠지 봉지나 무에 다르단 말인가. 몸의 일부분으로 죄를 범하거나 성적 쾌락에 빠지기에 그것을 부끄러워하여 옷으로 가리는 게 아니겠는가. 남에게 손가락을 보이는 것이나 거시기를 보이는 것이나 도대체 무엇이 다르단 말인가.

인도의 나체 수행자 이야기입니다만, 이런 이야기를 오래 묵은 마르코 폴로의 육성으로 확인하니 참으로 묘한 기분이 듭니다. 서양 땅에 동양의 현장을 처음으로 알렸다는 기록에 이 같은 이야기가 있다는 것 참으로 놀랍기도 합니다. 인도의 수행자들은 말하더군요. 알몸으로 태어났기에 벌거벗고 사는 것은 지극히 자연스러운 일. 얼굴이나 손이나 죄를 짓지 않은 잠지나 남에게 보이기는 다 마찬가지. 이런 생각도 가상하지만 그런 생각을 실천할 수 있는 그 용기가 더욱 감동을 자아냅니다.

세상에는 옷가게가 너무나 많습니다. 사람들은 너무나도 많은 옷, 좋은 옷을 가지고 있고 그 종류 또한 다양하지요. 노출을 위한 것이 없는 것도 아니요만 날로 기이한 옷들이 거리를 메우고 있더군요. 부끄러움이 늘어 가는 것만큼 옷가게도 늘어 가는 것 아닌가요. 부끄러움투성이의 육신, 이것을 가려 줄 옷이 필요하다는 것. 아니 두꺼운 갑옷이 필요하다고! 당신은 갑옷 파는 곳을 알고 있는가요. 우리 함께 가 보실까요.

# 바닷가 베갯머리송사

1

한가위 보름달이 끌고 온 연휴의 끝자락
저녁 마실 나서듯 바닷가 병원에 입원하다
어쩌다 성가시게 하는 혹 떼어 내려고
보호자도 없이 수술대에 오르다
마취에서 깨어나 보니
혹은 없어지고 통증만 가득하다
그냥 데리고 살 걸 그랬나
살다 보면 군식구들 생기기 마련인데

손등에 커다란 주사바늘 꼽히니
슬픔처럼 진통제 한 방울씩 떨어진다
창밖에서도 빗방울 하나둘씩 떨어지고
내 몸뚱아리 아픈 만큼 땅덩어리도 아픈가
밤은 스스로 깊어만 가는데

2

혹처럼 생긴 먹구름 보름달을 삼켜 버린다

달이 몸부림치는 동안 온몸을 들척거리며 신음 소리 내는 파도
나의 숨소리 부풀어 오르는 만큼
그대의 몸뚱아리도 아픈가
밤새 귀밑에서 속삭이는 파도의 베갯머리송사
더불어 출렁거리는 외로운 병상의 나그네

세상은 고통의 바다라 하던데
파도야, 너는
언제까지 온몸 달아올라 내 품에 안겨 있을 것인가
진통제는 떨어지는데
빗방울은 떨어지는데

# 은행잎의 거리에서

서울의 광화문에서
은행잎을 줍는다

평양의 종로에서
은행잎을 줍는다

때가 되면
푸른 잎 노랗게 만들 줄 알고
또 때가 되면
땅에 떨어질 줄도 아는
우리가 껴안아야 할 순리順理

서울의 중심가를
평양의 중심가를
은행나무로 가로수 삼은 마음
언제 남과 북이 약속이라도 했던가
아니, 약속 없이 통하는 그 마음

우리 언제 무거운 갑옷 벗고
함께 춤을 출 수 있을까
은행잎 노랗게 물든 거리에서
때가 되면 아래로 떨어질 줄도 아는
저 은행나무들처럼

# 연근蓮根

저녁 식탁에 오른 연근
가슴에 뻥뻥 구멍이 뚫려 있네

진흙탕에 살면서도
자신의 몸에 티끌 한 점 묻히지 않고
오히려 연못을 정화시킨다는 연꽃

없는 살림 식구들 챙겨 주느라
결딴난 삭신으로 건네준
연꽃 뿌리 한 점에서
숭숭 구멍 뚫린 아내의 골다공증을 보다가
한숨으로 길 닦은 내 뺏속의 바람길을 보다가
슬며시 내려놓은 젓가락

나의 숨소리에도 어느새 구멍이 숭숭 뚫리네

## 너도 구멍가게 차리고 싶냐
— 뒤틀리는 모국어 단상

1

꼬마가 묻는다
"가을이 왔는데
고추잠자리를 두 글자로 줄이면 뭐지요"
"글쎄, 뭘까"
대답하지 못하고 더듬기만 하니
"해답은 팬티,
어른이 고추 잠자는 곳도 몰라요"

오, 모국어여! 너는 좋겠다
흔들리는 춤판에서도 마냥 똬리를 틀고 있으니

2

립스틱 짙은 여자가 말한다
"저는 구멍가게를 운영하고 있어요"
멍하니 있으려니
곁에 있던 신사가 귓속말을 한다
"남자가 그런 것도 모르십니까

저 여자 직업은 포주,
밑구멍 장사를 한다는 것"

오, 모국어여! 너는 좋겠다
잠들라는 밤에도 죽기는커녕 발기만 부채질하고 있으니

3
정직하게 살라는 말 교실 가득 채우지만
사실은 거짓말을 잘해야 출세한다는 것
원칙을 지키면 손해 보는 세상이라고
정도正道가 상처받는 사회라고
그래서 시궁창의 동의어는 정치판이라 한다나
위선의 소굴은 종교계라 하던가
어둠만 두꺼워지는 세월 속에서
오늘도 모국어는 생몸살을 앓는다

4

내일은 어디로 튈는지
참, 중심 잡기 어려운 나라
이놈의 세상
놈현스러운 세상
뒤틀리는 모국어만 불쌍하다

문자메시지가 띠링띠링
"샘, 세상은 다 그렇고 그런 것
고정하심 어떠슴까"

오, 모국어여!
너도 구멍가게 차리고 싶냐?

# 달그림자 저 혼자 가네

나갈 때도 빈 바람
들어올 때도 어둑서니 혼자였네

텅 빈집
뜰아래의 하얀꽃
저 혼자 나왔다가
저 혼자 떨어지네

바랑 멘 저 나그네
기침 소리 한 점 남기고
홀로 떠나가는
이국행

들어올 때도 혼자
나갈 때도 혼자인 저, 달그림자

# 찢겨진 정사情死

1

너는 노래를 했지
'태어나서 죄송합니다', 라고
사는 것이 그렇게 부끄러웠나
그리 자주 강물 속으로 뛰어드는 연습하더니
드디어 성공을 했구나
한 여자와 기일忌日을 공유하다니!
(이웃나라의 소설가를 소개하다가
잠깐 숨을 고르려고 눈길 돌리니
어느새 사양斜陽이 하늘 가득히 매달려 있네
나의 구겨진 청춘일기처럼)

사랑하는 남녀가 사랑을 이루지 못하고 함께 목숨 끊는 것
그걸 무어라고 말하는가
(강의실을 가득 메운 젊은 눈망울들
아무도 대답하지 못/안 하네
세상에 그런 말이 어디 있어요

오히려 눈빛으로 항변을 하네)

너희들 정말 그런 말, 몰라?
정사情死,
정사라는 말, 몰라?

2
아이, 선생님
정사情事라는 말을 어떻게 입에 담아요, 부끄럽게
이래봬도 요조숙녀인데요
사랑이 이루어지지 않는다고 왜 같이 죽어야 하나요
세상에 그런 바보들이 어디 있어요
너는 죽어도, 나는 살아야지요

이해득실 넘치는 세상은 남녀관계도 계산속인가
혼숫감 적다고 파탄 나는 신혼살림
양가兩家의 저울질만 은밀히 바쁘다

정사情事는 넘쳐도
정사情死는 이제 죽어 버린 낱말
나는 국어사전에서 '정사情死'를 찢어 낸다

에이, 선생님두, 뭘 그런 것 같고 흥분하세요
제가 같이 투신投身해 드릴까요
제 구명재킷은 튼튼하거든요
그런데 쭉쭉빵빵 몸값
얼마나 주실 건데요

## 연습

‘본인 사망’
동창회에서 보낸 부고訃告
친구 하나가 또 이승을 떠났다

동창회 명부를 보고 깜짝 놀란 적이 있다
현주소 칸에 사망이란 표기가 너무 많았기 때문이다
우리들은 현주소의 칸을 비워 두기 위해
이 세상을 살고 있는가?
언젠가 본인이 만들어 띄울 마지막 사연
‘본인 사망’

나에게 몇 가지 생활철학이란 것이 있다면
낚시질하지 않기, 바둑 두지 않기, 골프 치지 않기
결혼식에 가지 않기
결혼식이야말로 집안끼리 오붓하게 해야 하는 것 아닌가
대신 장례식에는 자주 간다
이승을 떠나는 마지막 길

작별인사라도 부지런히 해야 다시 만날 것 아닌가
언젠가 나도 따라가야 할 길
연습은 부지런히 할수록 좋은 것
오늘 나는 가슴속 동창회 명부를 살짝 꺼내 본다
'본인 사망'

허허, 장례식조차 번거롭다
뜰아래 붉은 꽃 피어 있으면
그것이 축복의 조화弔花로다

# 살아서 무덤 자리를 보다

1

여기가 좋아요
아니, 저기가 더 좋아 보이는데

천안삼거리
조상 대대로 지켜 온 선산

설날 성묫길의 연로한 부친
지난해보다 발걸음이 더 무거워졌다
이제 감정의 샘도 메말라
어눌하게 자식들을 보챈다

올해는 내 무덤 자리를 꼭 정해 두자꾸나

좌청룡이 날고 우백호가 뛰고
남향이 어떻고 북향이 어떻고
너무 높고 너무 낮고
이곳은 어떻고, 저곳은 어떻고

2

형제들마다 의견이 다르다

무덤 주인이 될 부친까지 합세하여 치열해진 입씨름

어허! 살아 계신 당신 앞에서 무덤자리 말싸움을 하다니!

민망하여 입을 다물면 이번에는 결론을 내자고 아버지가 더 보채신다

얘들아! 나, 어디에 묻히면 좋겠니?

무덤 걱정 그만 하시고 건강하게 오래 사세요

아니다. 나는 살 만큼 살았다. 이번에는 꼭 무덤 자리를 결정하자꾸나

온 산이 무덤 자리인데 뭐가 그리 걱정이세요?

여기가 더 좋다

저기가 더 좋다

지팡이에 노구를 맡긴 채

부친은 맏이인 나의 결단을 재촉한다
나는 후보지 한 곳을 가리키고
확정은 다음 명절 때에 하자고 미룬다

그래, 여기가 명당이야
안심의 눈빛을 보내시는 부친

3
보행이 더욱 불편해진 부친
당신의 무덤 자리 확인하고 싶어
부축받으며 따라나선 추석 성묫길

어허! 이게 무엇인가
선산을 가로지른 붉은 깃발들
마침내 무덤 자리 위에서도 깃발 하나가 펄럭인다

선산 주변에 대학이 들어서고
아파트와 공단이 들어서더니

이제 새로운 도로까지 필요해졌나 보다

가을바람에 펄럭이는 붉은 깃발
그것은 조기인가
부친의 무덤 자리를 날려 보내고
조상들의 무덤들까지 날려 보내고
삼백 년 지켜온 선산마저 날려 보내고

그러니까 뭐라고 그랬어요
더 오래 사시라는 뜻 아니에요?

아니다
무덤 자리를 정해야 내가 편하게 죽지
이제 나는 어디로 가야 한단 말이냐

입 다문 파평 윤씨 판도공파 삼십이세손
몰락한 양반의 후예
그의 흐린 눈에 펄럭이는 붉은 깃발
만장이 휘날린다

## 회혼식 날에 눈을 감다니

푸른 잎 떨쳐 내고
고목이 되어
나이테 하나 더 추가되자
언어도 잃고 표정마저 잃다
드디어 직립을 포기하고
병상에 눕다

봄도 잃고
여름도 잃고
늦가을이 되자
노란 은행잎과 함께 저녁놀 따라
이승의 인연을 접다

팔순이 다 되도록 즐거움 한 자락 펼쳐 보지도 못하고
색시의 주름살에 새긴 해로偕老 한 가닥
기념일 대신 꺼내 온 베옷
유족 모아 놓고 영안실에서야 호사豪奢하는구나

바람 찬 산자락의 음택陰宅 하나
맨땅 파헤치고 탈관脫棺한 나무 한 토막
만상제는 흙 한 줌 던지고
바람 한 줄로 비명碑銘을 새기다

사랑과 인고忍苦의 한평생
회혼식回婚式 날에 눈을 감다

## 어떤 늙은 지팡이가 보낸 편지

그냥 나무토막에 불과했지요. 주인이 고목처럼 병상만 지키니 나 또한 별 수 있었겠습니까. 우두커니 서서 계절만 몇 차례 바꾸었을 뿐. 가을 어느 날 스산한 바람은 후손들을 불러 모았지요. 식물 연습을 미리 한 덕분인지 망자는 망설이지도 않고 나무숲 아래의 산등성이로 갔습니다. 한 생애는 그렇게 무너지고 나 또한 북망산천으로 따라왔습니다. 기다리는 이 없어도 봉분封墳은 차근차근 추가되고 있더라고요. 떠나는 자와 남아 있는 자, 세상은 그렇게 구분되는 듯했습니다. 뻔뻔하게 이름을 섞어 새긴 비석들은 자꾸만 생기고요. 어스름 속에 나만 유품으로 남아 새 묘비 뒤에 눕게 되었습니다. 먼저 떠난 이가 만년에 가장 아끼던 물건이었다고, 나보고 외로움을 달래 주라나요. 남아 있는 자들의 핑계, 차마 그런 말까지는 하지 않겠습니다. 찬 바람의 하늘만 더욱 가깝게 내려오는데.

그냥 나무토막에 불과했습니다. 봄은 가고 가을은 오고. 조그만 들국화 한 송이 내 곁에서 맵시를 뽐낼 때 기일忌日을 들고 유족들이 찾아왔습니다. 그들은 생화보다 더 싱싱한 조화 한 다발씩을 들고 왔습니다. 웬 조화에 이슬방울까지 매달려 있답니까. 들국화는 안중에도 없었습니다. 그들은 넙죽넙죽 절만 하고, 벌초가 잘 되었느니 어쩌니 하면서 먼 산만 바라보았습니다. 늦가을의 하늘도 무심으로 딴전만 피우더라고요. 나는 계속 나무토막에 불과했습니다. 그런데 딸년 하나가 느닷없이 무덤에 대고 한마디 하데요. 이젠 세월도 흘렀으니 성한 두 다리로 걸어 다니세요! 그러면서 나를 쓰레기통에 버리겠다는 것입니다. 더 이상 절름발이가 없는 세상이라도 온 것처럼. 그리고 자신들이 사 온 조화를 쓰다듬다가 각자 온 길로 사라졌습니다. 내 몸에서는 누구의 것인지 모를 한숨만 계속 묻어나왔습니다. 봉분도 또 다른 조화造花인지 모르겠습니다. 살아남은 자들에게 단지 위안을 주는.

# 무제 0704

— 피서지로 가는 길목의 조그만 식당
아담한 뜰 꽃나무 아래에서 허기를 달래고 있는데
갑자기 웬 낯선 풍경이 펼쳐진다

국방력 배가하라!
상이군인 출신인가, 일인시위 썰렁하다

전쟁 반대! 평화 수호!
은퇴 노인들 예닐곱 명
길 건너에서 구호 하나씩 들고 서 있다

그들은 같은 마을 주민이면서도
길 양쪽에서 목울대 붉히고 있다
휴양지로 향하는 자동차들 덤덤히 지나가나
이방인에게는 신기한 풍경
반목하고 있으나 겉으론 아무 소리 들리지 않는

백주의 태양만 더욱 뜨거워지는데
식당 주인이 꽃나무에게 물을 주며 조용히 묻는다
너는 행복하지?
꽃들의 얼굴 일제히 붉어진다

# 제4부

# 박물관에서 불상과 함께 눕다

1

왜 이곳에 와 계신가
조석으로 지극한 공양을 받기는커녕
고향 잃은 벌이라도 받겠다는 것인가
관람객들 무덤덤하게 스쳐 가는 전시장 안에서

깨달은 이후의 편안한 모습들
여래는 물론 보살도 즐비하다
한 소식 얻기 전의 고뇌 어린 모습은 어디다 버렸나
중생은 고해苦海에서 저리 허우적거리고 있는데

간다라 땅의 라호르박물관
내 가슴을 울린
깊이 파인 눈에 갈비뼈 드러난
고행상
어찌하여 한반도에선 이런 모습을 볼 수 없을까
젊은 날 나의 화두

2

거사가 말한다
먹고살기도 팍팍하여 세상살이가 곧 고행인데
고통의 모습을 굳이 만들 필요가 어디 있겠는가

그렇다면 열반상은 왜 없을까
온몸으로 증명한 깨달음
그 형상이 꼭 필요했을 텐데

젊은 비구니가 웃으면서 말한다
그야 누워 있는 꼴을 볼 수 없어서겠지요

어찌 내 고향에선 고행상과 열반상을 만들지 않았을까
잠깐 고민하다가
현실을 비껴가는 예술가의 뒷모습을 생각하다가
극락만 염불하는 가람을 생각하다가

나는 불상이 즐비한 전시장 바닥에서

비스듬히 눕는다
와불臥佛처럼

(비구니, 슬퍼하기는커녕
저 혼자 깔깔대고 웃는다)

# 천년 별빛은 빛나건만
— 한계사지寒溪寺址에서

1

무너진다
무너진다
절이 무너진다
시절 인연이 다 되었다고
천년 풍경風景이 무너진다

불길에 휩싸여 치르는
스스로의 다비식茶毘式
바람이 아미타경을 외우며
성주괴공成住壞空 재를 날린다

2

모두들 어디로 갔는가
모두들 어디로 가는가
석탑 하나 덜렁 남겨 놓고 모두들 어디로 갔는가
높은 산봉우리 첩첩이 세워 놓고
모두들 어디로 갔는가

이름마저 낯선 곳
설악의 깊은 산자락을 끼고
알몸으로 남은 한계사 빈터

천년 별빛 때문에
차마 지울 수도 없는 곳

3
나그네
빈터에 서니 새들도 기웃거리고
바람도 덩달아 일어선다

절터는 죽지 않고 천년 별빛으로 살아 있더라

# 거꾸로 선 기둥

— 지리산 화엄사 구층암에서

1

못생긴 데다가
산발한 뿌리까지 올려놓으며
기둥 노릇 한다고

상처투성이의 알몸 그대로
거꾸로 서서
하늘 지붕을 떠받들고 있다고
함부로 비웃지 마세요

당신은 뿌리까지 드러내며
거꾸로 서서라도
남을 위해 몸을 던져 본 적 있으신가요

2

지리산의 덩치를 닮고자 했는가
화엄사 각황전 거대하고 신라 석탑 우람하다

발길 뜸한 언덕 위에
단청도 잡숫지 못하고 민얼굴 하고 있는 구층암
뒤란의 툇마루 한가운데
선정禪定에 잠긴 절구통 수좌 둘
다듬기는커녕 쭈글쭈글 제멋대로 생긴 데다가
뿌리까지 내놓고 물구나무서서
목하 묵언默言 수행 중이다

무슨 기둥이 그럴까
다른 나라에서는 보기 어려운 파격破格
가슴속에 자연을 품고 다닌 조상들의 맘씨

구층암 툇마루에서 하늘을 품은 수행승
거친 세상 증명하듯
상처투성이 몸에 성범일여聖凡一如 문신 새기니
지리산 떼바람도 고개 끄덕이며 자리를 비켜 준다

# 여근곡女根谷, 오오, 당신은

1

온 동네 개구리 떼 모여 사나흘 모지락스레 울다니, 이 무슨 조화인가. 영묘사靈廟寺의 옥문지玉門池에 모인 개구리들. 왜 그리 악머구리 울어 대는가, 이 추운 겨울날에

각간角干은 군사를 이끌고 여근곡에 도착했다네. 여왕의 선견지명은 숨어 있던 백제 군사를 전멸케 했는데 정말 신기한 일. 놀라움을 이끌고 와 질문하는 신하들에게 여왕은 대답했다네.

개구리를 보라. 눈이 불거져 나와 성난 모습을 지녔으니 바로 병사의 상징이로다. 옥문은 여자의 깊은 곳. 여인은 음이므로 그 빛이 희도다. 흰 것은 서쪽이므로 적병이 서쪽에 있는 것을 알았노라. 또한 남근이 여근으로 들어가면 반드시 죽게 마련이니 쉽게 잡을 줄 알았도다.

선덕여왕의 입가에 기묘한 웃음이 깃드네. 여왕은 이미 당나라 태종이 보낸 모란 그림과 그 씨를 보고, 이 꽃은 절대로 향기가 없을 것이라고 예언한 바 있지 않았던가. 씨를 심어 꽃이 피었는데도 정말 향기가 없었지. 신하들이 그 사유를 여쭈었네. 꽃을 그렸는데 나비가 없으니 꽃에 향기가 없음을 알았도다. 이는 당나라 황제가 과인에게 남편 없음을 비웃은 일이로다.

남편도 없는 여왕, 그가 어떻게 여근곡의 원리를 알았을까.

2

경부고속도로를 달리다 경주 직전의 굽은 길을 지나갈 때면 오른쪽 산자락을 유심히 더듬어 보네. 건천 부근에 있는 여근곡. 아담하고도 잘생긴 깊은 계곡. 어쩌면 그렇게 똑같이 닮았을까. 신라의 여근은 아직도 싱싱하게 반도의 하체를 지키고 있네.

그대 여근곡 안으로 들어가 보고 싶은가. 매복하는 병정처럼 그곳으로 낮은 포복하여 기어들고 싶은가. 한번 들어가면 살아 나오지 못한다는 곳. 그럼에도 불구하고 무시로 여근곡에 잠입하고 싶어 안달이 난 그대여, 도시의 개구리 복병伏兵들. 오오 여왕이여! 당신은 왜 모란에 향기가 없다고 하셨나이까?

# 조선백자 사설私說

1. 슬픔의 강여울

나리, 차라리 죽여 주시옵소서. 배가 고파 더 이상 일을 못하겠습니다. 우리가 만든 커다란 항아리에 우리의 눈물 바다를 다 담을 수도 없습니다. 정말이지 이제는 눈물로도 하얀 조선 하늘의 빛깔을 빚어내지 못합니다. 수년간의 흉년은 우리 도공陶工들을 굶어 죽게 하고 있습니다. 세상에 도공의 아사餓死라는 말이 있을 수나 있나요. 하늘도 나라님도 너무 무심하옵니다. 게다가 하늘까지 노란색으로 바뀌니 어찌 백자에 색깔을 올릴 수 있겠습니까. 저승 갈 때 기운이 없어 작은 백자 항아리 하나라도 들고 갈 수 있을지 모르겠습니다. 삭을 대로 삭은 뼈와 살, 그 골호骨壺 하나에다 추스르고도 남겠지만요. 우리들의 한숨을 품어 준 우촌강의 여울도 한 움큼 퍼 가야지요. 손에 든 것이라고는 밤하늘의 별빛밖에 없는 우리 도공들. 무엇을 더 담을 수 있겠습니까. 가슴속 깊이 흐르는 슬픔의 강여울을 빼고는.

## 2. 소인은 도관陶棺입니다

나리, 사옹원司饔院 나리, 차라리 죽여 주시옵소서. 사는 것이 죽는 것보다 나을 것 없습니다. 언제 우리들이 사람대접해 달라고 했습니까. 소인들의 억울한 일, 그 어찌 입으로 다 옮길 수 있겠습니까. 나리가 제일 싫어하는 도망장인逃亡匠人이란 말 괜히 나오는 거 아니지요. 배고프다고 농사를 지을 수 있나요, 딴 동네로 이사를 갈 수 있나요. 부역에 끌려 나온 마누라와 새끼들의 달라붙은 뱃가죽만 더 불쌍합니다. 우리 분원 마을에 아침 해는 무엇 때문에 매일같이 떠오른답니까. 떠오르는 해가 그렇게 미울 수 없습니다. 그런데 하명하시는 진상자기進上磁器의 숫자는 왜 그렇게 늘어만 가나요. 춘추로 배를 띄워 구중궁궐로 만여 점을 만들어 올려도 항상 부족하다고만 나무라시니, 그 자기들은 한양 가는 길에 어느 하늘로 날아가나요. 아니면 원앙 연적硯滴이 날개라도 펼쳐서 우리들의 한을 안고 다른 세상으로 날아가는가요. 오늘도 마지막 숨결을 담는 것처럼 빈 항아리를 어루만집니다. 기울어져 가는 밤하늘의 그 차가운 보름달을 거기에 가득히 채우고 있습니다. 나리에게는 술병일지 몰라도 소인들에게는 제 몸 저세상으로 싣고 갈 도관陶棺이랍니다.

3. 도공의 눈물방울은 강물이 되고

나리, 차라리 소인을 묻어 주시옵소서. 소인이 새끼를 죽였습지요. 부황 뜬 몰골의 마누라가 낳은 핏덩어리, 하필이면 아들놈입니까. 한숨과 함께 그 핏덩이를 엎어 저세상으로 먼저 보내 버렸지요. 고슴도치도 제 새끼는 함함한다 하지 않습니까. 세상에 제 새끼 귀엽지 않은 부모가 어디 있답디까. 그런데 이런 법이 세상천지 어디에 있습니까. 사기장沙器匠의 아들은 다른일에 종사할 수 없다니요. 이 비참한 도공의 삶, 제 새끼에게까지 계속 전해 주란 말입니까. 도공으로 사느니 저세상에 먼저 가는 것이 행복합니다. 소인도 새끼 따라 저세상으로 빨리 가고만 싶습니다. 조선백자는 도공의 눈물방울. 애비의 한을 담은 백자 항아리, 새끼들에게까지 물려줄 수는 없습니다. 나리, 차라리 소인을 묻어 주시옵소서.

4. 자, 경매를 시작합니다

우리 경매회사를 사랑하시는 미술 애호가 여러분, 감사 정말 감사합니다. 자, 이제부터는 조선백자 차례입니다. 하얀 백설의 눈을 닮은 우리 조선의 도공이 그 순진무구한 혼을 어려 담은 백자입니다. 바로 세계적인 명품 우리의 자랑스러운 백자이지요. 이쪽은 왕실에서 사용했던 최상급 진상자기이고 저쪽은 양반들이 사용했던 백자입니다. 이런 백자 항아리를 어루만지며 양반네들은 여인네의 뽀얀 젖가슴이나 육덕 좋은 엉덩이를 생각했을지 모릅니다. 허리의 곡선이 참 곱지요. 게다가 때깔은 어떻구요. 아름답기 그지없는 월궁항아月宮姮娥의 자태입니다. 아무리 예찬을 해도 부족함이 없을 최상의 예술품들이지요. 옛 예술가들이 자연을 벗 삼아 음풍농월로 만든 여유의 결정체라고 할 수 있습니다.

자, 그럼 시작해 볼까요. 우선 달항아리부터 올리겠습니다. 경매의 시작 가격은 5천부터입니다. 네, 6천, 7천, 8천, 9천만 원, 네, 좋습니다. 그럼 1억, 2억, 3억, 더 좋습니다. 그럼 10억, 20억, 30억, 정말 오늘은 안목이 높은 손님들만 오신 것 같군요. 투자도 하시고 감상도 하시고, 정말 세계적 자랑거리인 우리 조선백자의 얼 빛나는군요. 이 백자의 주인은 누구입니까. 그럼 다시 계속할까요.

## 황산에서

출렁거린다
출렁거린다
구름이 출렁거린다
북해北海라는 이름의 구름바다
단애斷崖에 가까스로 뿌리 내린
소나무
분재盆栽가 따로 없다
마디게 보낸 세월
비바람도 몸부림에 일조를 한다

출렁거린다
출렁거린다
능선稜線이 출렁거린다
못내 참지 못하고 솟구치는
뾰족한 괴석怪石 몇 개
창槍이 되어 칼이 되어
하늘을 향해 삿대질한다
구름도 이를 알고 슬쩍 비켜 준다

출렁거린다
출렁거린다
구름이 출렁거린다
하얀 하늘에 먹물을 쏟아 붓고
거대한 수묵 추상화 한 점
세상을 덮어 버렸다

어허
황산黃山이 없어졌다
수묵 산수화 그리던 소산小山도 없어졌다
절벽에 매달려 있던 소나무도 없어졌다

구름만 출렁거린다

---

※ 황산黃山은 중국 안휘성安徽省에 있는 중국 4대 명산 가운데 하나. 1998년 8월 소산小山 박대성朴大成 화백과 함께 그곳 산장에서 며칠을 지내다.

# 겨울 후지 산에서

봉긋하게 솟아오른
화산 하나 식더니
꼭대기는 만년설
그 아래는 커다란 호수
해적선이라 이름 지은 배 한 척
관광객을 부른다

해적선은
찬바람을 몰고 와
신사神社의 시뻘건 문을 지나
현해탄을 지나
조선총독부를 지나
만주국滿洲國을 지나
진주만을 폭격한다

학생들은 마냥 즐겁기만 한데
인솔교수의 마음은 내내 불편하다
얼떨결에 편입된 여행 코스

그네들의 상징이라는 산에서
일고 있는
나의 식민지 바람
추위에 옷깃을 여미는데
학생들이 몰려온다

선생님!
경치가 아주 멋있습니다
우리 함께 사진 찍어요

## 빨랫줄만 우렁차구나
— 펜실바니아 랭커스터의 아미시 마을에서

키 큰 옥수수밭 사이로
듬성듬성 뿌려져 있는 단출한 농가들
마당 가로지른 빨랫줄에 널려 있는
소매 긴 옷가지들
무더운 여름도 비껴간다
화사한 색깔도 없고 무늬도 없는
검박한 빨래들의 사지가 다소곳하다
손빨래 주부의 투박한 손길만이 바람에 휘날린다

편리한 물건 넘쳐나는 아메리카 땅에서 이 무슨 진풍경인가
집집마다 전깃줄 대신 빨랫줄만 우렁차다
아, 전선電線이 없구나
집 안에 냉장고도 없고, 세탁기도 없고, TV도 없고
컴퓨터도 없고, 자동차도 없구나
문명 도시 곁에 두고 고대古代에서 살고 있는 사람들
밭농사 짓고
가축 기르고

밤이 되면 등잔불 아래 온 가족 모여 토닥토닥 정을 나눈다

무슨 신앙 그리 깊어 전깃줄 버리고
자발적 청빈을 끌어안고 있는가
마당 한복판의 검은 바지와 푸른 치마들
승전의 깃발처럼 바람에 흔들린다

# 게가 되고, 물고기가 되고

1

바닷가 허름한 집
감옥 독방 닮은 방 한 칸
화가는 정말로 유배를 온 것일까
어두운 시대가 절규로 남아 있다

피난 온 화가의 식솔들
굶주린 배 안고 해변에서 놀다

아이들은
물고기가 되고
물고기는 게가 되고
게는 아이들이 되고

이국으로 보낸 처자 그리워
화면에 담아낸 도원桃源
전쟁은 생명의 의미를 다시 보게 하고
윤회의 원무圓舞를 이끌어 낸다

물고기가 되고
게가 되고
아이들이 되고

서로서로 손을 잡고 춤을 춘다

2
서귀포에 이중섭거리가 생겼다
전쟁 통에 잠깐 살았다는 인연 때문이란다
피난살이 집이 그대로 남아 있기 때문이란다

물고기는 게가 되고
게는 아이들이 되는
화가의 거리는 쌍방통행
그러나 서귀포의 이중섭거리는 일방통행이다
무엇 때문에 이런 길을 만들었을까

초라했던 오두막집은 새롭게 단장되고

그 뒤에 우뚝 솟은 거대한 빌딩
미술관이라나 뭐라나
피난 왔던 화가는 어디에도 보이지 않고
호사스러운 관광객만 흥청거린다

멋모르고 들어갔다가
되돌아 나와야 했던 일방통행로
피난 온 화가의 이름을 팔고 있는 길

물고기도 없고
게도 없고
아이들도 없고

# 아, 아스카

— 나라奈良 비조사飛鳥寺에서

1

여기까지 날아왔구나
철새처럼 날아와 비조문화飛鳥文化 꽃피웠구나
첫 삽 뜨고 절 세우니 섬나라에서 처음 있는 일
하필이면 절 이름이 비조던가
하늘 높이 날아가는 새로구나
새 나라에서 자리 잡느라 수고 참 많았으니
철새의 안숙安宿을 위하여
아스카

2

순수한 우리말 꺼내 보자
작일昨日은 어제
금일今日은 오늘
내일來日은
아아, 그 다음 말이 떠오르지 않는구나
순수 한국어에는 내일이란 단어가 없다더냐
내일이 없는 한국인에겐 미래도 없다는 것

언제까지 과거 속에만 머물러 있을 셈이냐
정말 내일은 어디로 갔는가

3
태양을 향하여 날아가는 새
비조飛鳥의 발음은 아스카
이 동네의 이름은 명일향촌明日香村
명일明日이라
명일향明日香의 발음은 아스카
천 년도 훨씬 전 이 땅에 웅지를 튼 도래인渡來人이라는 우리 핏줄
커다란 새 한 마리가
어두운 밤 보내고 새로운 태양을 물고 오는구나
그것은 내일인가, 아스카

새여, 우리들의 새여
두고두고 태양과 춤을 출 우리들의 새 꿈이여
오래된 내일이여

네 속에서 나를 본다
아, 아스카

---

* 내일이란 순수 한국어에 해당하는 단어로 아스카라면 어떨까, 소박하게 생각하고 읊은 것임.

## 월든 호수

— 매사추세츠 콩코드에서 헨리 데이비드 소로를 추억하다

1

그대는 남들처럼 도시에서의 출셋길 마다하고
호수가 있는 숲으로 갔구나
하버드 졸업장 버리고 뒷걸음으로 가
조그만 오두막 짓고
비바람과 함께 살았구나
구름 친구와 보낸 무소유의 2년
정말 허송세월이었을까

커다란 마음을 담기 위해 더 크게 비우는 빈 잔
호수는 마음을 담기 위한 커다란 빈 잔

2

백오십 년 전의 한 선구자를 추억하며
마음의 오두막을 지으러 나선 길

호수로 가는 숲길
갑작스럽게 웬 교통체증인가

소로를 흠모하는 순례자들이 그렇게 많았던가
들꽃의 삶을 희망하는 사람들이 그렇게 많았던가
교통순경의 안내로 가까스로 주차하고
행렬의 뒤를 따라가니
병풍 숲 치맛자락으로 둘러놓고
숨어 있던 호수가 한눈으로 와락 안겨든다

웬일인가
숲의 푸르른 나무만큼
호수를 가득 메운
쭉쭉빵빵과 비곗덩어리의 알몸들
호수는 공중목욕탕처럼 소란스럽다
백인들의 피서지가 되어

소로가 살았던 오두막을 폐허로 남기고
숲은 목하 묵언默言 수행 중
차라리 다행인가
마음의 때라도 씻어 볼까

가족을 이끌고 나섰던 월든 호수
세심洗心은커녕 세수조차 하지 못하고
돌아서야 했던
환락의 수영장

나는 여름 지도를 꺼내
월든 호수를 지운다

# 플로리다 천둥소리

웬 대포가 이렇게 많은가
갑자기 먹구름 몰고 오면서
토해 내는 괴성
우르릉 쾅쾅!!!
우르릉 쾅쾅!!!
한낮의 게릴라는 자리를 이동하면서
선전포고를 한다
땅덩어리가 크면 폭격 소리도 큰 것인가

한여름의 땡볕
일일행사 시간이 늦었다
어떤 때는 장대비를 동반하지 않고서도
폭음만 내보낸다
아니 저 멀리서 섬광만 보낼 때도 있다

플로리다의 천둥소리

누가 전쟁 좋아하는 나라 아니랄까 봐

하늘까지 맞장구를 치고 있는가
휴양지로 명성이 높은 곳까지
악마의 소리를 수시로 내지르게 하니

올여름에 들은 천둥소리
평생 들은 것보다 많다
자주 들으면 귀에도 익숙해지는가
휴양지의 천둥소리조차 자장가가 되고
로켓 발사 소리도 아무렇지 않게 되는가
아프가니스탄과 이라크에서 터진 포화
여기 플로리다의 천둥소리에 실려 온다

땡볕은 먹구름을 만들고
먹구름은 천둥을 만든다
천둥은 폭격 소리를 만든다

아메리카 해수욕장의 나신裸身들에게
즐거운 시간을 계속 주기 위해

지구 어디에선가
폭탄이 계속 터져 주어야 한다면?

새로 개발할 무기의 신호탄인가
저 천둥소리
낙원을 지키는 나팔 소리인가
자기들끼리만
즐기겠다는

# 반얀나무의 말씀

## 1. 반얀은 서커스를 좋아했습니다

플로리다에서 잠깐 살 때 우리 가족은 새러소타 바닷가의 링링미술관에 가기를 즐겼습니다. 서커스로 유명했다는 설립자의 체취는 사람들을 불러 모으고 있었습니다. 그곳에서 우리가 즐긴 것은 드넓은 정원의 이곳저곳에 둥지를 튼 반얀나무였지요. 반얀은 주인을 닮았는지 서커스를 좋아했습니다. 하늘 높게 치솟다 땅 내음이 그리우면 여러 갈래의 가지들을 버드나무처럼 내려뜨리곤 했습니다. 그런데 이상도 하지요. 내려뜨린 나뭇가지는 땅속으로 파고 들어가 아예 뿌리를 내리며 굵어지기 시작하니 말입니다. 정말 서커스도 그런 서커스가 어디에 있어요. 애초 조그만 나무가 세월을 삼키면 웬만한 언덕의 반 이상을 차지할 정도로 커지니 말입니다. 정말로 이상한 나무입니다. 세상에서 가장 큰 나무도 바로 반얀이라 하지요. 오늘날도 인도 식물원에 살아 있답니다. 반얀은 참으로 놀라운 나무입니다. 서커스를 즐길 줄 아는.

우리 가족은 플로리다 추억을 반얀나무의 뿌리처럼 대지에 깊게 내리고자 했습니다. 하지만 언제까지 뿌리내리면서 추억의 영토를 확장할 수 있을지 잘 모르겠습니다. 세월이 흐르면서 우리의 추억은 반얀과 달리 그 두께가 얇아지기 때문이지요. 아직 기억이 생생할 때 몇 자 적어 놓습니다. 그의 이름은 반얀입니다.

2. 그래, 내 이름은 반얀이다

가지가 땅에 닿으면 아예 뿌리를 내리며 덩치를 키우는 반얀이다

도대체 누가 누구보고 손가락질하는 것이냐

부동산을 마냥 확대 점유하는 것은 나의 생존전략임을

나무는 이 땅을 지키고 있는 가장 오래된 숨결

하지만 언젠가부터 우리 종족들의 존재는 기울어지기 시작했다

이 모든 위기는 너희 인간들의 욕망 때문이다

내가 제일 좋아하는 것은 문어발
이것 또한 너희들이 즐기고 있는 것 아니냐
나라고 너희들처럼 족벌체제를 마다할 이유가 없지 않은가

아직도 나의 옆구리는 간지럽다
또 하나의 가지에 뿌리가 내리려는가 보다
나는 너희들 사촌도 아닌데
왜 인상을 쓰고 그래?
너희들 정말 배 아프냐?

# 늪에서 모기와 악어를 만나다

가도 가도 드넓은 평원
몇 시간을 달려도 조그마한 동산 하나 없다
드디어 만나는 거대한 늪지대
플로리다 남부의 에버글레이즈 국립공원
황량한 벌판을 어느새 어둠이 따라와 함께 달린다
가로등은커녕 아무것도 보이지 않는 처녀의 땅
야성野性의 천국이다

긴장감 떨쳐 내고 도착한 플라밍고 바닷가
차 문을 여니 덩치 큰 모기 떼들이 기습을 한다
생각보다 작은 복병이지만 장난이 아니다
가까스로 짐 챙겨 들고 산장 안에 들어서니
수십 마리의 모기들도 따라온다
피에 굶주렸다는 듯이 결사적으로 달려든다

전쟁을 치르고 난 이튿날 아침
자동차 문을 여니 역시 수십 마리의 모기들이 난리를 친다

밖으로 내쫓을수록 더 달려드는 녀석들
나의 몸은 이미 혈전의 무대
무방비로 뜯기기만 할 따름
창문을 열고 질주하다가 길가에 차를 세워 놓고
옷을 벗어 아무리 휘둘러 봐도 엉겨 붙기만 하는 모기 떼
참으로 지독한 놈들이다
도대체 어떤 질긴 인간을 닮았기에 이다지도 드세단 말이냐
그래, 내가 졌다
나는 포기하고 헌혈대에 오른다

가게에 들르니 종업원들은 얇은 방충망 옷을 입고 근무한다
세상에, 방충망 옷이 다 있다니!
늪지대의 모기는 밤낮도 없고 건물 안팎도 가리지 않는다
모기가 뚫을 수 없다는 셔츠와 양말은 이미 기념품

이 아니다

가까스로 늪지대 탐사 배에 오르다
희한하게 생긴 맹그로브 숲을 따라 안으로 들어가다
악어다!
어떤 녀석은 커다랗게 벌린 입 다물 줄 모른다
어떤 녀석은 고개만 내밀고 움직이지 않는다
어떤 녀석은 엉금엉금 숲속으로 간다

안내원은 악어에 대하여 설명을 한다
두 종류의 악어
크로커다일crocodile과 앨리게이터alligator
주둥이가 V자형으로 뾰족한 녀석과
U자형으로 뭉툭한 녀석
아메리카의 악어는 일반적으로 앨리게이터이지만
에버글레이즈 늪지대 어귀에는 아메리칸 크로커다
일도 살고 있다

안내원은 줄어들고 있는 악어의 숫자를 걱정한다
공룡시대부터 생존해 온 녀석들의 끈질긴 생명력
우직하면서도 억센 녀석들
문명사회에 와서 수난을 당하고 있다
악어가죽을 좋아하는 족속들이 설쳐 대고 있기 때문이다
그렇구나, 악어 가방이라는 것도 있지
악어 백!
악어를 좋아하는 여자들은 누구일까
힘이 센 악어!
악어와 여자의 관계에 대하여 생각하고 있노라니
어린 아들 녀석이 한마디를 던진다

악어는 좋겠다
가죽이 두꺼워서 좋겠다
모기에 물리지도 않고

# 오래된 미래의 시인, 윤범모

김 재 홍
(문학평론가 · 경희대 교수)

윤범모 시인, 시인으로서 그의 이름은 그리 널리 알려진 편이 아니다. 그러나 미술평론가로서 윤범모라는 이름은 이미 아는 사람에게는 중량감 있게 다가온다. 미술평론가로서 윤범모는 우리 미술계 정상의 수준에 놓여 있는 분으로 평가되고 있는 까닭이다.

그런데도 그는 근년에 이르러 시인으로 불리는 것을 더 좋아하고 자랑스러워하는 모습이다. 평론가로서 화가들의 발을 닦아 주고(?) 뒤치다꺼리하는 데 회의를 느낀 탓일까? 아니면 작가들의 작품들을 분석하고 해석하며 종합하고 평가하는 이성적, 논리적인 작업에 지쳐 버린 까닭일까? 여하튼 그는 이제 확연하게 비평가의 길, 해석·평가자의 길이 아니라 스스로 삶의 주인공, 창조자가 되는 시인의 길을 당당하고 소신있게 걸어가려 결심하고 또 그에 걸맞게 노력하고 있는 모습으로 우리에게 다가온다.

시인 윤범모, 그는 외면상 늦깎이 시인이라 할 수 있겠지만 기실은 오래전 학창 시절부터 시심을 갈고닦아 온 '오래된 미래의' 시인이다. 실상 그는 이미 1988년에 시집 『불법체류자』를 간행한 바 있는 저력과 과거(?)가 있는 시인이다. 그런 그가 2008년 새로운 결의와 다짐, 각오로서 정식으로 데뷔 시인의 길을 걷기 시작하면서 이번에 새 시집을 간행함에 그를 사랑하는 한 사람으로서 간략하게 그의 시세계를 살펴보고자 한다.

## 1. 절대 고독, 절대 허무 또는 비극적 세계관

윤범모 시의식의 밑바탕을 관류하는 것은 고독과 허무로서 비관적인 생의 인식이며, 나아가서 공空과 무無로서 비극적인 세계관이라고 할 수 있다. 그만큼 지상의 삶, 이승의 삶을 비관적으로, 비극적으로 바라보는 세계관을 지니고 있는 까닭이다.

1
소복은 눈물샘을 담는 보자기인가

화장터의 무거운 바람
어린 딸년들의 절규하는 등을 계속 밀쳐 낸다

엄마 뜨거워요
빨리 나오세요 엄마!

꼭꼭 걸어 잠근 철문
불길을 더욱 드세게 풀무질하더니
결국 제 모습으로 돌아가는
한 줌의 재
바람에 날린다

2
집이 활활 타고 있는데
놀이에 정신 팔린 아이들 뛰쳐나올 줄 모르네

하늘에서 내려다본 세상은
거대한 화장터 굴뚝
그 속의 숨결들 욕망만 키워 가네

살아 있는 것 같아도
매일 죽고 있는

—「화택火宅」 전문

지상의 삶이란 무엇이던가? 그것은 현실의 삶, 육신의 삶이기에 운명과 구속을 의미한다. 육신은 생 · 로 · 병 · 사의 집이며, 인간은 먹고살아야 하기에 노동을 해야 하고 희 · 로 · 애 · 락 · 애 · 오 · 욕 등 온갖 오욕칠정과 인간 조건에 끌려

다니며 살아가야 하기 마련이다. 그만큼 삶이란 고통스런 것이며 온갖 구속과 질곡 속에서 벗어나기 어렵기에 예로부터 인생이란 고통의 바다, 즉 고해苦海라 불려 왔고 가시밭길, 즉 고행苦行에 비유돼 왔던 것이 아니겠는가.

인용시에서는 바로 이러한 삶과 죽음으로서 생을 화장터라는 시적 배경으로 설정하여 화택火宅, 즉 불난 집에 비유함으로써 고통스런 삶과 인생을 리얼하게 표현해 내고 있다. "결국 제 모습으로 돌아가는/ 한 줌의 재/ 바람에 날린다"와 같이 마침내 불빛과 바람의 섭리를 따라 허무하게 사라져 버리고 마는 육신의 삶을 구체적으로 실감 나게 묘파하고 있는 것이다. 그렇게 한 줌 재로 허무하게 사라져 가는 생의 모습을 통해서 시인은 생의 본질이 무엇이며, 우리가 어떻게 살아가야 하는가 하는 명상과 사색을 펼치고 있는 것이다.

실상 시집에서는 절대 허무의 존재로서뿐만 아니라 절대 고독의 존재로서 생의 본질 또는 인간의 현상을 지속적으로 묘파하고 있다.

나갈 때도 빈 바람
들어올 때도 어둑서니 혼자였네

텅 빈집
뜰아래의 하얀 꽃
저 혼자 나왔다가
저 혼자 떨어지네

바랑 멘 저 나그네
기침 소리 한 점 남기고
홀로 떠나가는
이국행

들어올 때도 혼자
나갈 때도 혼자인 저, 달그림자

—「달그림자 저 혼자 가네」 전문

삶이란 무엇이던가? 누군가에 의해 혼자 이 세상에 내어 던져져서 더불어 함께 살아가다가, 다시 혼자 바람처럼 떠나가는 그러한 절대 고독의 존재, 허무의 존재가 아니던가. 모든 생명은 혼자 태어나서 결국은 무덤을 향해 걸어가는 단독자이자 허무자에 해당한다는 뜻이 되겠다.

이 점에서 윤범모의 비관적인 생의 인식은 그저 일시적 태도로서 비관적 현실인식에 기인하는 것이 아니라 하나의 인생관으로서 비극적 세계관을 형성하고 있는 것으로 받아들여진다. 그것은 삶에 관한 부분적 태도나 단순한 인식이 아니라 이 세상 인생살이를 불난 집, 화택으로 보는 불교적인 세계관에 뿌리를 두고 있는 것으로 이해되기 때문이다. 그만큼 넓고 깊은 생에 관한 비극적 인식과 세계관을 바탕으로 하여 그의 시세계가 전개되고 있다고 판단할 수 있겠다. "살아 있는 것 같아도/ 매일 죽고 있는"(「화택火宅」)이라는 잠언적인 시의 결구가 불교적, 비극적 세계관을 반영하고 있는 것으로 해석된다는 점에서 그러하다.

## 2. 무소유의 삶, 자유로 가는 길을 향하여

'오래된 미래의 시인' 으로서 윤범모의 시는 비록 시단에는 다소 낯설지만 이미 그의 시세계는 충분히 익어 있고 발효돼 있는 원숙미를 보여 준다.

1
이 세상에 처음 나올 때
한 일은
두 주먹 불끈 쥐고
힘차게 울어 젖힌 것
누가 가르쳐 주지 않았는데
온몸으로 울어 젖힌 그것

빈손을 채우고자
허리가 휘도록 평생 헤매고 다녔지만
늘 허기진 욕망 지우지 못하고
낡아 버린 육신의 푸대 자루 하나

2
세상 떠나는 날
주먹 쥘 힘조차 없어
손바닥 펼쳐 들고 증명하는 무소유
내 평생 헤매고 다닌 것이 겨우
움켜쥔 주먹 슬그머니 내려 펼쳐 놓기 위함인가
애초 유일하게 가지고 태어난 울음조차
직접 챙기지 못하고
타인에게 다 맡기면서

(그런데 너는 뭐 잘났다고
그렇게 설쳐 대며 오두방정을 떨고 있는 것이냐
오른손, 이놈아!
왼손바닥, 네놈도!)

—「주먹에서 손바닥까지」 전문

윤범모의 시는 끊임없는 자기 성찰과 반성에서 시작된다. 그만큼 사색과 명상의 시, 구도와 깨달음의 시의 성격을 지니며 인생론적인 성향 또는 존재론적인 지향성을 지닌다는 뜻이 되겠다.

인용시가 그렇지 아니한가? 인생이란 무엇이며 어떻게 사는 것이 가치 있고 바람직한 일인가 하는 문제, 즉 존재론적인 생의 탐구를 화두로 하여 전개되고 있는 것이다.

먼저 그것은 탄생과 죽음이라는 생의 거울을 통해 비친다. 삶이란 "이 세상에 처음 나올 때/ 한 일은/ 두 주먹 불끈 쥐고/ 힘차게 울어 젖힌 것"이며, 죽음이란 "세상 떠나는 날/ 주먹 쥘 힘조차 없어/ 손바닥 펼쳐 들고 증명하는 무소유"의 모습으로 형상된다. '주먹 쥐고'와 '손바닥 펴는' 그사이에 생과 사의 온갖 사연, 한 생애 세월이 압축 · 요약돼 있는 것이다.

그렇지만 삶이란, 목숨이 붙어 있는 한 "빈손을 채우고자/ 허리가 휘도록 평생 헤매고 다"니다가 마침내 "늘 허기진 욕망 지우지 못하고/ 낡아 버린 육신의 푸대 자루 하나"처럼 탐욕과 성냄과 어리석음으로 점철되는 과정, 삼독의 수레바퀴에 매달려 허우적거리며 살다 빈손으로 떠나가는 게 아닌가 하는 반성이 제기되어 관심을 환기한다. 이러한 반성적 사유는 다시 "내 평생 헤매고 다닌 것이 겨우/ 움켜쥔 주먹 슬그머니 내려 펼쳐 놓기 위함인가" 처럼 허망함에 대한 안타까운 깨달음으로 이어진다. 아울러 그것은 "애초 유일하게 가지고 태어난 울음조차/ 직접 챙기지 못하고/ 타인에게 다 맡기면서" 와 같이 절대 고독, 절대 허무로서 생의 본질, 운명의 형식에 대한 처절한 인식으로 귀결된다. 그만큼 삶이란, 인생이란 살기 위한 노력과 투쟁의 과정이며, 그 안간힘의 연속이자 끝맺음이고 그것은 결국 고독과 허무로서 무소유의 길, 자유로 가는 길이라는 인식을 확실하게 제시하고 있는 것이다.

아울러 "그런데 너는 뭐 잘났다고/ 그렇게 설쳐 대며 오두방정을 떨고 있는 것이냐" 라면서 스스로에게 통렬한 자기비판과 야유를 퍼부음으로써 그러한 고독과 허무의 길로서 인생사의 절망을 다시 뛰어넘어 자기 긍정과 극복의 모티브를 마련하려는 안간힘을 보여 준다. 바로 여기에서 시인은 무소유와 자유를 향한 삶의 길, 깨달음과 지혜의 길을 발견해 내게 된다.

그것이다! 윤 시인이 미술평론가의 길보다 시의 길, 시인의 길을 걸어가고자 하는 것은 지식의 길, 논리와 관념의 길보다 삶의 현장성, 구체성에 바탕을 둔 지혜의 길, 솔직한 자기 성찰과 감각적 사색으로 이어지는 생생한 생명의 길에서 가치와 보람을 찾을 수 있기 때문이라는 사실을 비로소 우리는 확인하게 된다.

### 3. 주변부의 중심부화, 또는 소외의 가치화를 위하여

윤범모 시에서 주목할 또 한 가지는 그의 시에 주변부의 중심부화, 즉 소외된 삶의 가치화에 대한 끊임없는 관심과 애정이 펼쳐지고 있다는 점이다.

1
똑같이 무대 위에 올라도
조명 받는 주인공 뒤에
있는 듯 없는 듯 너울대는
그림자 인생

건반 두드리는 속도와 함께
악보를 넘겨 주는
수준급 내조

청중석의 박수갈채와
주인공의 화려한 답례 속에서도
장내의 유일한 목석

슬며시 내려가야 하는 무대
이름 따윈 필요 없다

2
그림자를 위하여 박수를 친다

나도 그대를 위하여
갈채 숱하게 만들어 주고

조용히 생의 무대를 내려가고 싶다
한세상 뒤로하며
비록 몸을 바꿀지라도

—「페이지 터너를 위하여」 전문

페이지 터너page turner란 무엇인가? 쉽게 말해 피아니스트 등 무대 위의 화려한 주인공 연주가 곁에서 악보를 넘겨 주는 연주 도우미를 말하는 게 아니던가? 그의 역할은 그야말로 드러나지 않는 그림자 인생, 또는 그늘에서의 삶이기에 소외자의 한 대명사에 해당한다. 그래서 "똑같이 무대 위에 올라도/ 조명 받는 주인공 뒤에/ 있는 듯 없는 듯 너울대는/ 그림자 인생"이라고 시인은 말하고 있지 않은가. 그러면서도 "건반 두드리는 속도와 함께/ 악보를 넘겨 주는/ 수준급 내조"와 같이 없어서는 안 될, 아니 어떤 면에선 주인공보다도 더 긴요할 수 있는 그런 존재가 바로 페이지 터너라는 뜻이다. 그러기에 "청중석의 박수갈채와/ 주인공의 화려한 답례 속에서도/ 장내의 유일한 목석"으로서 존재할 수밖에 없는 그늘지고 소외된 모습인 것이다. 그러고는 언제 사라지는지도 모르게 슬며시 무대를 내려가야 하는, 그야말로 남몰래 좋은 일을 하고 어둠 속으로 사라져 가는 이름 없는 성자의 모습인지도 모른다.

그러기에 시인은 "그림자를 위하여 박수를 친다"와 같이 그러한 무명의 존재 또는 그림자 인생에게 깊은 연민을 표하면서 공감과 연대의식을 느낀다. 실상 산다는 게 무엇이던가? 인생살이는 주인공 역할을 하는 잠깐의 순간이 지나면 다시 그늘에 가려 그림자로서 한세상을 살아가는 것이 아니겠는가? 이 점에서 페이지 터너는 바로 '나'의 모습이면서 동시에 세상 모든 사람들의 모습이 아닐 수 없다. 그 스스로가 주연이면서 세상의 조연일 수밖에 없는 인생이라는 무대에서 "나도 그대를 위하여/ 갈채 숱하게 만들어 주"다가 "조용히 생의 무대를 내려가"야 하는 그런 그림자 인생의 모습인 것이다.

그렇게 본다면 이 시는 그늘진 채로 살아가는 힘없는 것들에 대한 연민과 공감의 시이면서 동시에 자신에게도 부단히 엄습해 오는 좌절과 소외의 그늘을 스스로 극복해 나아가고자 하는 자기극복의 안타까움을 노래한 작품이 아닐 수 없겠다. 이 점에서 이 시는 오늘날 온갖 기계문명과 자본주의의 폭력 아래 주눅 들어 살아가고 있는, 살아갈 수밖에 없는 생명들을 옹호하는 노래이면서 그러한 어둠의 현실을 이겨 나아가려는 인간적인, 너무나 인간적인 노력이 아닐 수 없다. 이른바 주변부의 중심부화, 또는 소외의 가치화를 통해서 실존의 위기를 극복하고 삶다운 삶으로서 삶의 정체성과 인간적인 생명력을 확보해 가려는 안타까운 노력을 반영한 것이라는 뜻이 되겠다.

## 4. 마음 비우기 또는 하심下心의 시학

윤범모 시에서 지속적으로 드러나는 또 한 가지는 마음 비우기 또는 내려놓기로서 하심의 시학이라 하겠다. 그의 시집에는 끊임없이 삶의 무게, 욕망의 질곡에서 벗어나려는 안타까운 노력과 지향성이 펼쳐지고 있기 때문이다.

절벽에 올라 강을 본다
저무는 해를 붙들고
천 년 전에도 흘러갔을 저 강물
어쩌면 군소리 하나 없이 오늘도
아래로 아래로만 흘러갈까
자기의 나이도 잊고

뒤에 오는 신참에게 자리를 내주며
낮은 곳으로만 흘러가는 물줄기
세상에서 정말로 어려운 일은 남에게
내 자리를 내주면서
가장 낮은 위치로 내려가는 것
세상에서 제일 어려운 것은 바로 하심下心 공부!
마음을 내려 비워 내는 일 아닌가

한눈팔지 않고 다소곳이 아래로만 내려가는
마음 비워 몸 가벼운 저 강물
나는 언제 낮은 곳에서 고개를 숙이며
내 이름과 몸을 다 비워 낼 수 있을까
바다에 이르는 강물은 자신의 이름을 고집하지 않는다는데

저무는 여름 강가에
대책 없이 나선
나의 손발은 오늘도 시리기만 하다

—「몸 가벼이 흘러가는 저 강물을 보아라」 전문

세상살이에서 가장 힘든 것은 탐욕과 성냄, 어리석음으로서 삼독을 떨쳐 버리는 일이고, 또한 집착과 애착 및 원착怨着이라는 삼착을 풀어 버리는 일이라고 하지 않던가. 실상 한세상 산다는 것은 정신과 물질의 싸움, 현실과 이상, 또는 육체와 영혼이 격투를 벌이는 일이고 그로부터 자유로워지려고 노력하는 일이 아니겠는가?

그러기에 우리는 강에 나아가 굽이쳐 흘러가는 강물을 바라보곤 한다. "절벽에 올라 강을 본다/ 저무는 해를 붙들고/ 천 년 전에도 흘러갔을 저 강물"을 바라보는 것이다. 그러노라면 "군소리 하나 없이 오늘도/ 아래로 아래로만 흘러"가는 강물에서 삶을 살아가는 이치와 살아가야 하는 지혜를 깨치게 될 것이 자명하다. "뒤에 오는 신참에게 자리를 내주며/ 낮은 곳으로만 흘러가는 물줄기" 속에서 "세상에서 정말로 어려운 일은 남에게/ 내 자리를 내주면서/ 가장 낮은 위치로 내려가는 것/ 세상에서 제일 어려운 것은 바로 하심下心 공부!"임을 깨닫게 되는 것이다.

실상 그렇지 않은가? 세상에서, 인류의 역사 속에서 언제 하루라도 대립과 갈등, 폭력과 전쟁이 그친 적이 있었던가? 그 모든 원인은 바로 사람들의 마음속에 자리 잡고 있는 온갖 탐욕과 성냄과 어리석음, 그리고 집착과 애착, 원착의 마음에서 비롯된 것이 아닐 수 없다. 아울러 낱낱의 사람들 자신도 그러한 삼독과 삼착에 시달리고 끌려다니기에 한없이 무겁고 괴로운 삶을 살아갈 수밖에 없다. 그러기에 시인은 "한눈팔지 않고 다소곳이 아래로만 내려가는/ 마음 비워 몸 가벼운 저 강물"을 보며 마음의 온갖 번뇌와 시름을 씻어 내고자 다짐한다. "나는 언제 낮은 곳에서 고개를 숙이며/ 내 이름과 몸을 다 비워 낼 수 있을까" 스스로 뉘우치고 반성하면서 지혜로운 삶의 자세를 가늠해 보게 된다는 뜻이다.

이 점에서 인생과 우주를 움직이는 섭리이자 원리로서 '마음'을 내려놓고 비우는 일, 즉 하심의 자세야말로 텅 빈 충만으로서 바람직한 삶의 길을 걸어갈 수 있게 하는 근본 이치로서 작용할 것이 분명하다. 온갖 물욕, 권력욕, 명예욕을 떨쳐 버림으로써 비로소 가벼운 정신의 삶, 겸허한 인간의 길을 그 주인공으로서 중심을 잡고 당당하고 자신감 있게 살아갈 수 있을 것이기 때문이다.

### 5. 생명공동체, 대동 세상을 향하여

그런가 하면 시집 『노을 씨氏, 안녕!』에는 시의 원심력으로서 생명공동체 또는 대동 세상을 향해 나아가고자 하는 공동체 정신이 드러나서 관심을 환기한다.

> 1
> 한낮에 창문을 연다
> 기다리고 있던 떼바람이 몰려든다
> 더불어 안기는 향긋한 내음
> 꽃나무 한 그루 볼 수 없는 숲속에서
> 무엇이 그토록 달콤한 바람을 만들고 있는가

오, 숲이여!
미안하다
잡목투성이라고 거들떠보지도 않았는데

세월의 앙금을 두껍게 하다 보니
이름도 없는 숲에서도
그리 달콤한 향내를 짙게 뿜어내는구나

2
어떤 생태학자가 연구했다
한 종류의 나무보다
여러 종류의 나무가 함께 자랄 때
더 튼튼하고 빨리 자란다고
단일 종류보다 혼합 종류의 식물일 때
성장 과정이 훨씬 훌륭하다는 것

끼리끼리 문 걸어 닫고 사는 것보다
울타리 걷어 내고 여럿이 어울려 살 때
각자의 개성은 갖되 이웃과 어울려 살 때
화이부동和而不同!
숲에서 달콤한 향의 푸른 바람을 만들어 준다

나는 울타리를 걷어 내고
숲으로 간다

—「대동 세상 숲에서 바람이 분다」 전문

일반적으로 윤범모의 시는 자아성찰에 따른 반성적 사유와 인간 본성 탐구에 기본을 두고 있지만 그와 함께 자연 · 사회 · 역사에 대한 공동체적 인식이 펼쳐지고 있어 관심을 환기한다.

먼저 그것은 생명과 그 모티브로서 성性, 즉 에로티시즘의 모습으로 형상화된다.

> 메마른 땅을 위해/ 하늘이/ 겨우내 아꼈던 사정을 한다// 수/ 직/ 으/ 로/ 내/ 리/ 꽂/ 히/ 는/ 불/ 멸/ 의/ 연戀/ 서書/ !// 수평의 대지 위에 출렁거리는 운우雲雨의 알레그로// 아, 달콤하다/ 갈라진 절벽에서 새싹이 움튼다
>
> —「봄비 사정 알레그로」 전문

> 봄이 왔다기에/ 뜰에 나섰다가/ 엿본 춘정/ 그래, 나도 겨우내 굶었더니 회가 동하는구나/ 우리 한판 질펀하게 얼러 보자꾸나/ (…중략…)// 네 죄는 네가 알렸다/ 이 화냥년아
>
> —「치마 벗고 나온 목련」 부분

시집 도처에는 이러한 에로틱한 생명감각이 은근하게 때론 노골적으로 표출되고 있다. 이것은 말 그대로 생명과 생명력의 근원이자 시초로서 성性에 대한 본능적 관심의 표출이면서 오늘날 문명 발달로 인해 점차 고갈되고 위축돼 가는 생명성 또는 생명력에 대한 갈망과 염원을 반영한 것으로 풀이된다. "수평의 대지 위에 출렁거리는 운우雲雨의 알레그로// 아, 달콤하다/ 갈라진 절벽에서 새싹이 움튼다"라는 결구 속에는

이러한 생명감각과 생명의식이 에로티시즘으로 일렁이고 있는 것으로 해석할 수 있다. 하늘과 땅이 운우지정을 나누는 모습으로 봄비를 파악하고 비 내리는 모습을 사정 알레그로로 박진감 있게 표현함으로써 생명감각을 일깨우고 원초적 생명력을 불러일으키고 있는 내용인 까닭이다.

이러한 생명감각 또는 생명의식의 표출은 더욱 확대 · 심화되어 생명공동체 의식으로 집중되는 양상을 보인다. 앞의 인용시가 그것이다. 숲은 그러한 생명공동체 의식의 한 표상 이다. 숲은 온갖 식물들과 각종 동물, 곤충들의 삶 터로서 소중한 의미를 지니며 아울러 자연생태계를 보존 · 육성시켜 주는 생명력의 원천으로서 작용한다. 말하자면 숲은 생태계의 자궁이며 대지의 허파로서 온갖 생명들을 낳고 자라게 하며 번식하게 하는 생태계의 요람이자 무덤으로서 총체적 기능을 수행하고 있다는 뜻이다.

그러나 생명공동체로서 숲은 자연 그 자체로뿐만 아니라 인간에게도 더 크고 깊은 의미를 던져 준다. 그것은 바로 인간 역시 모든 사람들이 함께 어울려 살아감으로써 바람직한 사회 · 역사를 만들어 갈 수 있다는 공동체적 인식에서 비롯된다. 이른바 공생과 상생을 통해 좀 더 바람직한 인간 공동체를 이루어갈 수 있으며, 어울려 사는 삶으로서 대동 세상을 누릴 수 있다는 숲의 철학을 제시하고 있는 것이다. "어떤 생태학자가 연구했다/ 한 종류의 나무보다/ 여러 종류의 나무가 함께 자랄 때/ 더 튼튼하고 빨리 자란다고/ 단일 종류 보다 혼합 종류의 식물일 때/ 성장 과정이 훨씬 훌륭하다는 것" 이라는 구절 속에는 이러한 공생과 상생의 철학을 통한 바람직한 대동 세상의 건설 또는 인간 공동체 사상의 온전한 실현에 대한 갈망과 기대가 담겨 있다고 하겠다.

무엇보다도 "끼리끼리 문 걸어 닫고 사는 것보다/ 울타리 걷어 내고 여럿이 어울려 살 때/ 각자의 개성은 갖되 이웃과 어울려 살 때/ 화이부동和而不同!/ 숲에서 달콤한 향의 푸른 바람을 만들어 준다"라는 구절에서 보듯이 인간 공동체로서 사회 · 역사적인 대동 세상을 만들어 가고 싶다는 갈망과 염원을 담고 있다는 점에서 시인의 건강한 시정신, 열린 시의식을 확인할 수 있음은 물론이다.

## 6. 생명시학, 생태시학의 가능성을 향하여

이 점에서 윤범모의 시가 생명공동체에서 지구공동체, 우주공동체로 폭넓은 관심을 보이면서 생태 · 환경시로서 관심 영역을 확대 · 심화해 가고 있는 것은 자연스런 현상이 아닐 수 없다.

싱싱하기만 하던 밤하늘의 별밭
어린 시절 추억창고를 색동보자기로 덮어 주더니
오랜 도시 생활에 찌들었는가
뿌옇게 바랜 얼굴로
초롱초롱 별들을
하나둘씩 내려놓고 있구나

아파트 단지의 가로등 뒤에 매달려
도수 높은 안경을 꺼내 끼는
밤하늘
너도 늙어 가고 있구나

—「밤하늘 너도 늙어 가고 있구나」 전문

천년 빙하야, 미안하다
만년설아, 미안하다
너희들을 열 받게 하여 미안
미안하구나
온몸을 문드러지게 하며
눈물천지를 만들게 하여 미안하다
빙하와 만년설이 녹아내리는 만큼
뚱뚱해지는 너 바다야, 미안하다
덩치가 커질수록 노동량도 많아져
힘들어하는 파도, 너에게도 미안하구나
수위가 높아질수록
작은 섬은 무지막지 삼켜야 하는
불쌍한 파도, 파도야
다이어트 시대에 너의 비만증을 보며
할 말을 잃는구나

정말 미안하다
파도야

—「파도야, 미안하다」 전문

인용시에서 우리는 인간은 물론 온갖 동식물 산천초목이

깃들어 목숨을 누리고 살고 있는 지구가 어떻게 병들어 가고 있는가 하는 사실을 알 수 있다. 지구온난화로 인한 급격한 생태계 변화와 그에 따른 각종 동식물의 절종·멸종 및 대형 재해의 빈발은 인류의 미래는 물론 지구공동체 나아가서 우주공동체에게도 심각한 부정적 영향을 미칠 것이 자명한 이치이다. 이 점에서 생명공동체의 파괴는 나아가서 지구공동체·우주공동체의 붕괴를 초래하고 말 것이라는 인류의 미래에 대한 우려와 함께 세계의 앞날에 커다란 경종을 울려 주고 있다고 하겠다.

사실 너희들 때문에 나야말로 죽을 지경이다
날로 쇠약해지는 나의 기력
너희들도 알다시피 예전에는 십 리 길도
단숨에 달려가곤 했지
하지만 지금의 내 꼴은 뭐냐
십 리는커녕 그 반도 못 가 도중에 주저앉고 마니
내 신세 참 처량해졌지

마지막으로 너희에게 당부하노니
더 이상 공해를 만들지 마라
정말 숨 쉬기조차 어렵고 미칠 지경이다
꽃향기가 예전과 같지 않다고 내 탓만 하지 마라
난들 왜 그러고 싶겠느냐
천하의 그 어떤 꽃향기도 시궁창에서는 맥을 쓸 수 없으리니
그런데도 날로 느는 것은 시궁창 악취뿐
이제 꽃향기라는 말조차 안타까울 따름이다

도시 구경 나왔다가
공해 때문에 아름다운 향기조차 보낼 수 없어
내 사랑 고백도 하지 못한 채 시들어 가는구나
아, 원통하고 원통하도다

—「꽃의 유언」 부분

사실 그렇지 않은가? 오늘날 지구는 각종 기상이변으로 말미암아 북극빙하와 만년설이 녹아내리는 등 수수만년 이어져 온 지구 생태계가 급격히 무너져 내리고 있지 않은가. 그 원인은 무엇인가? 한마디로 그것은 "사실 너희들 때문에 나야말로 죽을 지경이다" "마지막으로 너희에게 당부하노니/ 더 이상 공해를 만들지 마라/ 정말 숨 쉬기조차 어렵고 미칠 지경이다" "아, 원통하고 원통하도다"라는 꽃의 유언에서 보듯이 그 모든 생태계 파괴의 주범은 바로 우리 인간 자신이며 인간의 무분별한 탐욕으로 인한 물질문명의 과도한 발달과 자본주의의 폭력성에 기인하는 것이다. 그러한 인간의 탐욕과 무분별이 마침내는 자연생태계는 물론 지구생태계, 나아가서 우주공동체까지도 붕괴시킬 우려가 있다는 점에서 이러한 시인의 현실 인식은 정당하고 바람직하기까지 하다. 말하자면 생태시학의 가능성을 조심스럽게 진단 모색하면서 그 가능성을 통해 이 시대 시의 사명 또는 시인의 위의를 지켜 나아가고자 하는 열린 시의식 또는 살아 있는 시인정신을 담고 있다는 뜻이다.

이렇게 본다면 윤범모의 시의식과 시정신은 신인의 그것을 이미 훨씬 넘어선 지점에 위치하고 있음을 확인할 수 있다.

그만큼 수십 년 미술평론가로서 쌓아온 예술적 안목과 경륜, 생에 대한 통찰력 그리고 오늘의 삶과 미래에 대한 비전이 넓고 깊이 자리 잡고 있기에 돈오돈수로서 일거에 하나의 수준을 이루어 가고 있다 하겠다.

## 7. 맺음말

'오래된 미래'의 시인 윤범모, 이제 그는 새 출발 선상에 서서 새로운 미래를 향해 신인으로서 달려 나아가기 시작하였다. 새로운 만큼 그 이상의 부담감이 짓누를 것이 분명하다. 그렇지만 그의 시는 삶에 관한 폭넓고 깊이 있는 성찰로 중량감을 느끼게 하기에 충분하다. 이 점은 장점이면서 약점으로 작용할 수 있다는 점을 시인은 유의해야만 한다. 시는 철학이나 사상 그 자체가 아니라 어디까지나 시로서의 시일 뿐이다. 다시 말해서 바람직한 시란 사상성과 예술성이 탄력 있는 균형과 조화를 성취함으로써 관념이나 지식이 아니라 아름다운 감동과 지혜 및 깨달음을 심어 주어야만 한다. 그런 점에서 시인은 좀 더 예술적인 표현, 구체적인 삶의 현장성에 기초하면서도 예술적 감각과 시적 형상성을 확보함으로써 깊고 고요한 예술적 울림을 심어 주는 데 힘을 기울여야만 한다. 시의 길은 지식과 설득의 길이 아니다. 그것은 느낌과 감동의 길이다. 또한 설명과 설교의 길이 아니라 지혜와 깨달음의 길이기에 그만큼 미적 감동을 불러일으킬 수 있어야 한다는 점을 유의해야만 한다.

이 점에서 필자는 시인으로서 그의 앞날을 매우 긍정적, 낙관적으로 바라본다. 미술평론가로서 그가 한평생 쌓아 온 경륜과 안목 그리고 신인으로서 겸허한 마음가짐과 시인으로서 자부심은 그의 시에 빛과 소금으로 작용해 갈 것이 분명하기 때문이다. 회화세계의 감각과 미적 예지가 시세계의 사색과 명상의 깊이와 그리고 아름다운 지혜의 길로 섭수될 때 그의 시세계는 새로운 차원을 열어 갈 것이 분명하다. 이 점에서 미술세계와 시세계는 거울과 등불로서 서로 상보적으로 작용해 갈 것으로 판단된다.

모쪼록 만해에서 무산의 정신을 이어받으며 새롭게 시작되는 그의 시인으로서 생애가 아름다운 꽃이 피고 튼실한 열매를 맺어 갈 것을 기대하면서 더욱 정진해 갈 것을 희망한다.

시인 윤범모/ 尹凡牟
동국대 대학원 미술사학과 졸업, 문학박사
뉴욕대 대학원 예술행정학과 수학
동아일보 신춘문예 미술평론 등단
『시와시학』 신춘문예 시 등단
현재 경원대학교 미술대 교수
시집 『불법체류자』(1988, 개정판 2008)
저서 『미술과 함께, 사회와 함께』(1991) 『한국근대미술-시대정신과 정체성의 탐구』(2000) 『화가 나혜석』(2005) 『한국미술에 삼가 고함』(2005)

E-mail: younbummo@hanmail.net

노을 씨氏, 안녕!

지은이 | 윤범모
펴낸이 | 설보혜
펴낸곳 | Poetics 시학
1판1쇄 | 2009년 12월 20일
출판등록 | 2003년 4월 3일
주소 | 서울 종로구 명륜동1가 42
전화 | 744-0110
FAX | 3672-2674

값 8,000원

ISBN 978-89-91914-76-6 03810